高校英语跨文化教育探索

徐 李 ◎ 著

吉林出版集团股份有限公司

版权所有　侵权必究

图书在版编目（CIP）数据

高校英语跨文化教育探索 / 徐李著． — 长春：吉林出版集团股份有限公司，2024.2
ISBN 978-7-5731-4624-3

Ⅰ．①高… Ⅱ．①徐… Ⅲ．①英语—教学研究—高等学校 Ⅳ．①H319.3

中国国家版本馆CIP数据核字（2024）第049949号

高校英语跨文化教育探索

GAOXIAO YINGYU KUA WENHUA JIAOYU TANSUO

著　者	徐　李
出版策划	崔文辉
责任编辑	徐巧智
封面设计	文　一
出　版	吉林出版集团股份有限公司
	（长春市福祉大路5788号，邮政编码：130118）
发　行	吉林出版集团译文图书经营有限公司
	（http://shop34896900.taobao.com）
电　话	总编办：0431-81629909　营销部：0431-81629880/81629900
印　刷	廊坊市广阳区九洲印刷厂
开　本	787mm×1092mm　1/16
字　数	212千字
印　张	13
版　次	2024年2月第1版
印　次	2024年2月第1次印刷
书　号	ISBN 978-7-5731-4624-3
定　价	78.00元

如发现印装质量问题，影响阅读，请与印刷厂联系调换。电话 0316-2803040

前　言

　　文化跨越国界的交流在世界历史上已经存在很久，至少可以上溯到公元前，但是那时的文化交流还仅仅是偶然的、零星的，对交往双方的情感产生不了深刻影响。随着时代的发展，这一状况得到了改善。不同国家和民族的文化都有存在的理由，不同的文化虽然可以进行比较研究，但很难做出孰优孰劣的判断。由于各个国家和民族形成与发展的历史条件不同，所处的地理环境不同，政治制度和宗教信仰不同，实践方式和生活方式不同，因此形成了文化的多样性和差异性。

　　跨文化教育在全球化背景下变得尤为重要，而高校英语教育作为培养国际化人才的重要途径，其跨文化教育理论与实践的研究就显得尤为迫切。高校英语教育作为培养具有国际竞争力的人才的重要渠道，必须适应这一新的背景，才能更好地满足学生在跨文化交际和合作中的需求。在逐渐全球化的时代，培养具有跨文化素养的英语人才已成为高校英语教育的当务之急。

　　理论的指导离不开实践的支持。本研究将深入剖析在跨文化教育的理论与实践方面的问题。指出教学设计应当围绕培养学生的文化意识、跨文化沟通能力和全球视野展开，采用多元化的教学手段和资源，引导学生主动参与文化体验和跨文化交流。同时，针对不同层次的学生，制定差异化的实施策略，使每个学生都能在跨文化教育中受益匪浅。

　　由于笔者水平有限，本书难免存在不妥甚至谬误之处，敬请广大学界同仁与读者朋友批评指正。

目　　录

第一章　跨文化教育概述 ……………………………………………………… 1
第一节　跨文化教育的定义与范畴 ……………………………………… 1
第二节　跨文化教育理论的基础 ………………………………………… 10
第三节　文化对语言教学的影响 ………………………………………… 21
第四节　全球化时代下的跨文化教育 …………………………………… 29
第五节　跨文化教育理论的争议与发展趋势 …………………………… 37

第二章　跨文化英语教学概述 …………………………………………………… 47
第一节　跨文化英语教学中存在的问题及解决方法 …………………… 47
第二节　大学英语跨文化教学的必要性 ………………………………… 49
第三节　文化差异视域下的跨文化英语教学 …………………………… 53
第四节　英汉隐喻差异与跨文化英语教学 ……………………………… 56
第五节　微资源与大学英语跨文化教学 ………………………………… 58

第三章　高校英语跨文化教育整合与创新 …………………………………… 62
第一节　跨文化教育在高校英语教学中的地位 ………………………… 62
第二节　高校英语课程中的跨文化元素融合 …………………………… 71
第三节　跨文化对比与对话在英语教学中的应用 ……………………… 78
第四节　高校英语跨文化教育的未来发展 ……………………………… 85

第四章　跨文化视域下英语学习能力的培养 ………………………………… 94
第一节　文化学习 ………………………………………………………… 94
第二节　跨文化英语学习能力方法与体系 ……………………………… 97
第三节　英语学习者自主学习能力培养 ………………………………… 105

第四节　学生跨文化交际能力培养途径 …………………………… 115

第五章　跨文化英语教学培养策略 ………………………………………… 125
　　第一节　英语教学中学生跨文化交际意识的培养 …………………… 125
　　第二节　英语教学中的跨文化意识培养 ……………………………… 127
　　第三节　跨文化交际能力与商务英语教学培养 ……………………… 129
　　第四节　跨文化交际下的英语词汇教学培养 ………………………… 133
　　第五节　跨文化教学与英语专业学生人文素质的培养 ……………… 135
　　第六节　需求理论视域下大学英语跨文化交际能力培养 …………… 138
　　第七节　高校英语翻译教学中的跨文化意识培养 …………………… 142

第六章　跨文化英语教学与课程设计教学模式创新研究 ………………… 148
　　第一节　跨文化交际课程中的 Seminar 教学模式建构 ……………… 148
　　第二节　BOPPPS 模型的跨文化交际英语课程 ……………………… 152
　　第三节　基于案例教学法的"跨文化交际"课程设计 ……………… 156
　　第四节　旅游英语课程中的跨文化元素教学实践 …………………… 160

第七章　多元文化教育的推进与实践 ……………………………………… 166
　　第一节　多元文化教育的理念与目标 ………………………………… 166
　　第二节　多元文化教育的组织与管理 ………………………………… 175
　　第三节　跨学科与跨文化教学 ………………………………………… 183
　　第四节　多元文化素养的培养 ………………………………………… 191

参考文献 ………………………………………………………………………… 201

第一章 跨文化教育概述

第一节 跨文化教育的定义与范畴

一、跨文化教育与国际教育的关系

（一）概述

随着全球化的加速，跨文化教育和国际教育逐渐成为教育领域中备受关注的议题。这两者在一定程度上相辅相成，相互交织，共同促进了学生在全球化时代的综合素养和国际视野的培养。本文将深入探讨跨文化教育与国际教育的关系，来探讨它们的定义、联系、共同点以及对个体和社会的重要性。

（二）跨文化教育和国际教育的定义

1. 跨文化教育

跨文化教育是一种旨在帮助个体更好地理解、尊重和适应不同文化的教育。它关注的不仅是语言和文化差异，还包括价值观、信仰、社会习惯等方面。跨文化教育的目标主要是培养学生具备跨文化沟通和交往的能力，使其能够在多元文化的背景下更好地融入和参与。

2. 国际教育

国际教育是一种广义的概念，通常指的是在全球范围内进行的教育活动。这包括了国际学生的留学、国际学术交流、国际合作项目等多个层面。国际教育强调的是促进国际学术合作、文化交流和共同发展，以培养具备国际竞争力的人才。

（三）跨文化教育与国际教育的联系

1. 培养全球公民

跨文化教育和国际教育的一个共同目标是培养全球公民。全球公民是指具备国际视野、能够适应不同文化环境、关心全球问题、具备国际竞争力的个体。跨文化教育能够通过深入了解和尊重不同文化，来培养学生的跨文化沟通能力。而国际教育通过提供国际化的学习环境和机会，使学生在国际舞台上能够更好地展现自己的才华。

2. 跨学科性质

跨文化教育和国际教育都具有跨学科的性质。它们不仅关注学科知识的传授，而且更强调跨足文化学、社会学、人类学等多个学科领域。这种跨学科的性质使得学生在学习过程中更全面地了解世界，更好地应对复杂多变的国际社会。

3. 跨足多个层面

跨文化教育和国际教育跨足多个层面，包括教育、文化、社会等。跨文化教育注重培养学生的文化适应能力和文化敏感性，使其能够在多元文化环境中和谐相处。国际教育不仅仅是学科知识的传授，更关注学生的国际竞争力，为其提供了在国际舞台上发展的机会。

（四）跨文化教育与国际教育的共同点

1. 文化交流与理解

跨文化教育和国际教育共同强调文化交流与理解。跨文化教育可以通过学习其他文化，促进不同文化间的对话，加深对其他文化的理解。国际教育是通过国际学术合作、留学项目等方式，促使学生接触并理解不同文化的知识和实践，帮助他们建立国际化的视野。

2. 跨文化沟通与交往技能

跨文化沟通和交往技能是跨文化教育和国际教育的共同关注点。在跨文化教育中，学生学会尊重和理解不同文化的沟通方式、礼仪和价值观，培养了良好的跨文化沟通技能。在国际教育中，学生需要适应不同国家和地区的社会规范，发展在国际舞台上交往的技能，这同样需要具备跨文化沟通的能力。

3. 全球意识与社会责任感

跨文化教育和国际教育都致力于培养学生的全球意识和社会责任感。通过深入了解其他文化、关注全球性问题，学生能够形成更广泛的世界观，并为解决全球性挑战贡献自己的力量。这种全球意识和社会责任感是培养学生成为全球公民的重要一环。

4. 多元化的学习环境

跨文化教育和国际教育共同关注提供多元化的学习环境。在跨文化教育中，学生可以在多元文化的社区中学习，与来自不同文化背景的同学互动，拓宽自己的视野。国际教育通过引入国际教师、国际课程等方式，可以创造具有国际化特色的学习环境，使学生能够在全球范围内获取知识和经验。

（五）对个体的重要性

1. 个体素质的提升

跨文化教育和国际教育的结合有助于提升个体的素质。通过了解和适应不同文化，个体能够培养宽广的视野、灵活的思维和更强的沟通技能。这些素质对于个体在职业发展和生活中的成功都具有重要意义。

2. 增强竞争力

具备跨文化教育和国际教育经验的个体在国际竞争中更具优势。在全球化时代，跨足多个文化、懂得跨文化沟通的个体更容易适应国际工作环境，更有可能在国际舞台上脱颖而出。这对于提高个体的国际竞争力至关重要。

3. 培养全球视野

跨文化教育和国际教育有助于培养个体的全球视野。在跨文化的学习中，个体能够深入了解其他文化，接触全球性问题，有助于形成更为宽广的思考方式。这种全球视野有助于个体更好地理解世界，更有能力在跨国际范围内进行合作与创新。

（六）对社会的重要性

1. 促进文化交流与和谐

跨文化教育和国际教育的结合有助于促进文化交流与和谐。通过学生之间的文化交流、不同国家之间的学术合作，社会能够形成更为开放、包容的文化氛围，还可以减少文化冲突，促进不同文化间的和谐共处。

2. 培养国际化人才

跨文化教育和国际教育的推动有助于培养国际化人才。这种人才能够在国际事务中发挥积极作用，为社会的发展和进步做出贡献。他们具备全球视野、跨文化沟通能力，能够在不同文化和语境中卓有成效地工作。

3. 推动全球化发展

跨文化教育和国际教育的结合是推动全球化发展的一项重要推动力。通过培养具备全球视野和国际竞争力的人才，社会能够更好地适应全球化的趋势，还能够参与到全球产业、科技、文化的合作中。这有助于促进国际社会的共同发展，还可以推动全球各领域的创新和进步。

4. 促进经济繁荣

跨文化教育和国际教育的结合对经济的繁荣也具有积极影响。培养具有国际竞争力的人才，使其在国际市场上更具吸引力，有助于吸引外国投资和推动本国产业的发展。通过国际化的教育，社会能够更好地参与全球价值链，提高整体经济竞争力。

5. 加强国际合作

跨文化教育和国际教育的推动有助于加强国际合作。通过学术交流、研究合作、文化项目等多层次的合作，国际社会能够在教育领域建立更为紧密的联系。这种合作有助于共同应对全球性挑战，有助于促进各国在文化、科技、经济等方面的共同发展。

（七）挑战与未来展望

1. 挑战

文化差异：不同文化之间存在差异，包括语言、价值观等方面。跨文化教育和国际教育面临着如何有效跨足这些文化差异的挑战，以促进更深层次的理解和和谐。

资源不均衡：一些国家或地区可能面临教育资源不足的问题，制约了其进行全面的跨文化教育和国际教育。资源的不均衡可能导致一些地区的学生难以享受到国际化的教育机会。

文化冲突：在推动跨文化教育和国际教育的过程中，可能会面临文化冲突的挑战。如何有效化解和处理文化冲突，使其成为促进理解的契机而非阻碍，是一个需要解决的问题。

2. 未来展望

技术创新：利用现代技术，如虚拟现实、在线教育平台等，可以进一步拓展跨文化教育和国际教育的边界。通过技术手段，学生不仅可以更便捷地跨足不同文化，而且还参与国际性的学术合作。

国际交流加强：加强国际学术交流、文化交流，为学生提供更多国际化的学习机会。通过推动国际性的学术会议、文化活动等，能够促使不同国家和地区的学生更深层次地交流与合作。

全球认知教育：引入全球认知教育，使学生在跨文化和国际背景下培养全球视野、创新思维和解决全球性问题的能力。全球认知教育有助于学生更好地适应复杂多变的国际社会。

多元化合作模式：探索多元化的国际合作模式，包括学术研究、产业合作、文化交流等多个层面。不同领域内的跨国合作，也要鼓励不同领域之间的交叉合作，能够推动全球合作进入更加多元化的阶段。

社会责任教育：强调社会责任教育，培养学生在国际社会中的参与和贡献意识。通过社会责任项目、义工服务等方式，让学生在实际行动中体验到对社会的责任，促使其更积极地参与全球事务。

法规和政策支持：国家和地区需要制定更加明确的法规和政策，支持跨文化教育和国际教育的发展。为学校、机构提供更多资源和政策支持，创造更加有利于国际教育合作的环境。

跨文化教育与国际教育密切相连，可以共同构建一个更加开放、多元、全球化的教育格局。通过培养学生的跨文化沟通能力、国际竞争力和全球视野，这两者为个体的成长提供了丰富的机会与挑战。同时，它们对社会的发展和全球化进程起到了推动作用，促使各国更加紧密地合作，共同应对全球性挑战。在未来，随着科技的进步和社会的不断发展，跨文化教育与国际教育将更加紧密地融合，为培养具有全球背景的人才提供了更为丰富的教育资源和机会。

二、跨文化教育理论的演变历程

（一）概述

跨文化教育理论的演变是一个与全球化进程紧密相连的过程。跨文化教育致力于培养个体在不同文化环境中具备良好适应性和理解力的能力。本文将追溯跨文化教育理论的演变历程，从早期的文化差异理论到如今的全球公民教育理论，可以探讨其在不同历史时期的变革与发展。

（二）文化差异理论时代

1. 文化差异的强调

跨文化教育理论最初的阶段主要集中在文化差异的研究上。20世纪初，随着国际交往的增加，学者们开始关注不同文化之间的差异对个体学习和发展的影响。这一时期的理论主要强调文化差异的存在以及在教育中的重要性。

2. 马尔库斯·纳茨迪的文化差异理论

马尔库斯·纳茨迪提出的文化差异理论是该时期的重要代表。他们通过研究发现，东亚文化和西方文化在个体自我认知、社会关系、自由意志等方面存在显著差异。这种理论不仅强调了文化对个体认知和行为的塑造作用，而且成为后来跨文化心理学和教育领域的基石。

（三）文化关联理论的兴起

1. 文化关联理论的核心观点

在20世纪中期，随着跨文化研究的深入，学者们逐渐转向文化关联理论。文化关联理论认为文化是动态的、与环境相互关联的，强调文化与社会实践的紧密联系。文化不再被看作是静态的特征，而是与人类行为和社会结构相互作用的复杂系统。

2. 艾德华·霍尔的文化关联理论

艾德华·霍尔提出了高、低语境文化的概念，将文化关联理论引入教育领域。他认为，文化的高低语境性影响了人们的交际方式、学习风格和问题解决方式。这一理论为后来的跨文化教育提供了更为复杂的视角，强调了文化与教学之间的紧密联系。

（四）文化适应理论的兴起

1. 文化适应理论的核心概念

20世纪70年代，随着全球化的加速，跨文化教育理论开始关注个体在不同文化中的适应问题。文化适应理论强调个体如何在新文化中调整自己的认知、情感和行为，以更好地适应新环境。

2. 约翰·贝瑞斯的文化适应理论

约翰·贝瑞斯提出了文化适应理论的重要观点。他将文化适应分为三个维度：文化特异性、文化共性和文化普遍性。这一理论框架强调了文化适应的多样性，使研究者更注重个体在特定文化环境中的独特经验。

（五）跨文化教育的全球公民教育转变

1. 全球公民教育的兴起

21世纪初，随着全球化和信息化的深入发展，跨文化教育理论进入了全球公民教育的新阶段。全球公民教育不仅强调个体在多文化环境中的适应，而且更关注个体在全球范围内具备的责任、参与和领导力。

2. 全球公民教育的核心理念

全球公民教育倡导培养具备全球视野、跨文化沟通能力和全球责任心的个体。其核心理念包括以下四个方面。

全球意识：强调理解全球事务、全球问题，并能够在不同文化背景中思考问题。

跨文化沟通：可以培养个体在多元文化背景中有效沟通的能力，包括语言、非语言和跨文化冲突的解决。

全球责任心：强调个体对全球社会和环境的责任，鼓励参与解决全球性挑战。

社会参与与领导力：提倡积极参与社会事务，培养个体的领导力和团队协作精神。

（六）跨文化教育理论的未来展望

1. 技术与跨文化教育的融合

随着科技的迅猛发展，未来跨文化教育理论将更加融合科技元素。虚拟现实（VR）、在线教育平台、社交媒体等技术将为跨文化教育提供更广泛的工具和平台。虚拟现实可以为学生提供沉浸式的文化体验，让他们在虚拟环境中感受和理解不同文化。在线教育平台则可以打破地域限制，为学生提供更灵活的学习机会，促进全球性的交流与合作。社交媒体则成为跨文化交流的重要渠道，学生可以通过社交媒体平台来分享自己的文化经验，与世界各地的同学互动。

2. 跨学科与综合性

未来跨文化教育理论将更加强调跨学科性和综合性。学者们将更多地涉足文化学、社会学、心理学、教育学等多个学科领域，以全面理解和解决跨文化教育中的问题。跨学科的方法能够更好地把握文化的复杂性，为设计更符合实际需要的教育模式提供更多的参考。

3. 跨文化教育与可持续发展

未来跨文化教育理论将与可持续发展目标更加紧密结合。全球性问题，如气候变化、贫困、不平等等，需要全球公民具备全球责任心和解决问题的能力。跨文化教育理论将强调培养学生参与解决这些全球性问题的能力，使其具备推动可持续发展的实际行动。

4. 社会公正与包容性

未来的跨文化教育理论将更加注重社会公正和包容性。教育不应强调某一特定文化的优越性，而是应该推动平等和尊重各种文化。理论将关注如何在教育中减少文化差异造成的不平等，以促进各个群体在跨文化环境中融洽共处。

5.跨文化教育的评估体系

未来的跨文化教育理论将更加关注评估体系的建立。如何全面、客观地评估学生在跨文化教育中的成长和发展，成了理论发展的一个重要方向。通过建立科学的评估体系，可以更好地指导实际的教育实践，保证跨文化教育的质量和效果。

跨文化教育理论的演变历程表明，它在不同历史时期一直在不断适应社会变革和全球化趋势。从最初的文化差异理论到如今的全球公民教育理论，跨文化教育的理论体系日益丰富和完善。未来，随着科技、社会和经济的不断发展，跨文化教育理论将更加强调全球视野、社会责任感和综合能力，为培养适应未来全球社会的学生提供更多的支持和指导。

三、跨文化教育理论的核心概念

跨文化教育理论作为一个不断演进的领域，涵盖了多个重要概念，其中一些关键概念构建了理论的核心框架。本文将深入探讨跨文化教育理论的核心概念，包括文化差异、文化适应、全球意识、跨文化沟通、全球公民教育等，以揭示这些概念在理论体系中的关系和意义。

1.文化差异

文化差异是跨文化教育理论的基石之一。它涉及不同文化之间的价值观、信仰、习惯、语言等方面的差异。理解文化差异对于个体适应新文化环境至关重要。文化差异理论早期主要关注不同文化之间的对比，例如高/低语境文化、个人主义/集体主义文化等。随着理论的发展，文化差异不再被视为单一、静态的特征，而是强调了文化的动态性和相互影响性。

2.文化适应

文化适应是指个体在新文化环境中调整自己的认知、情感和行为，以更好地适应新的社会和文化背景。文化适应是跨文化教育的重要目标之一。个体的文化适应程度影响着其在新文化环境中的生活和学习。文化适应理论关注个体在面对文化差异时的应对策略、心理过程以及适应的影响因素。

3.全球意识

全球意识是指个体对全球事务的认知和理解，也包括对全球性问题的关注、对不同文化的尊重以及对全球化进程的敏感性。全球意识是跨文化教育的核心概念之一，强调了在全球化时代，个体需要超越局限的国家或地区视角，关心全球性挑战，参与全球事务。

4. 跨文化沟通

跨文化沟通是指在不同文化背景下进行有效交流和理解的能力。跨文化沟通是跨文化教育理论中至关重要的概念，因为它涉及在多元文化环境中建立良好关系和解决潜在的沟通障碍。跨文化沟通包括语言沟通、非语言沟通以及对文化差异的敏感性。

5. 跨文化教育

跨文化教育是一种注重培养学生跨足多个文化、具备全球视野的教育模式。在跨文化教育中，学生不仅学到学科知识，而且还培养了解和尊重不同文化的能力。跨文化教育超越了传统的国家边界，注重培养学生在全球范围内的竞争力和适应力。

6. 全球公民教育

全球公民教育强调培养学生成为一个具有全球视野、全球责任感和全球领导力的公民。这一概念超越了传统的文化适应和跨文化沟通，更强调了学生在全球性问题上的参与和影响。全球公民教育注重学生对全球性问题的理解、对社会责任的担当以及跨文化合作的能力。

7. 文化相对主义

文化相对主义是指不同文化之间没有绝对优劣，每个文化都有其独特的价值观和信仰，应该被尊重和理解。这一概念强调了在跨文化教育中避免对其他文化的主观评价，而是应该以开放的心态去理解和接受。

8. 多元文化教育

多元文化教育是一种关注不同文化在教育中的平等性和包容性的教育模式。多元文化教育强调在教育中要反映和尊重学生的多元文化背景，防止歧视和排斥，促进公平和包容。

9. 文化教育相互作用

文化教育相互作用是指在教育过程中，个体和文化相互影响和塑造的过程。这一概念认为教育不仅仅是对学生的灌输，也是一种双向的交流和学习过程。文化教育相互作用强调了在教育中要重视学生的文化背景，同时也可以通过教育也能够对文化进行积极的塑造。

10. 文化自觉

文化自觉是指个体对自己所属文化的认知和自我理解。具有文化自觉的个体能够更好地理解自己的文化背景，认识到文化对个体认知、价值观、行为等方面的影响。文化自觉有助于个体更好地应对跨文化环境中的挑战，同时也能够促使个体更加开放地接受和理解其他文化。

11. 跨文化教育的发展动力

跨文化教育的发展动力主要来自社会变革、全球化进程、科技发展和教育改革。社会的多元化和全球化趋势使得个体需要具备更强的跨文化能力。科技的发展为跨文化教育提供了新的工具和平台，促使教育更加全球化。教育改革的理念转变也推动了跨文化教育也从传统的文化适应走向全球公民教育。

12. 挑战与应对

尽管跨文化教育理论的核心概念有助于促进跨文化理解和合作，但也会面临一些挑战。其中包括文化相对主义可能导致对一些文化问题的过分宽容，以及在实践中如何有效地整合跨文化教育理论的问题。应对这些挑战需要不断完善理论体系，注重实际教育操作，培养学生实际应用跨文化能力的机会。

跨文化教育理论的核心概念构建了一个涵盖多个层面的理论体系，有助于理解和推动个体在跨文化环境中的成长与发展。从文化差异到文化适应，再到全球意识和全球公民教育，这些概念相互交织，构成了跨文化教育理论的丰富内涵。理解这些核心概念有助于教育者更好地设计和实施跨文化教育课程，培养学生具备全球视野和跨文化沟通能力的综合素养。随着社会的不断变化和全球化的深入，跨文化教育理论将继续发展，可以更好地适应未来时代的教育需求。

第二节　跨文化教育理论的基础

一、文化维度理论在跨文化教育中的应用

跨文化教育旨在培养个体在不同文化背景下的适应能力和跨文化沟通能力，以促进全球公民的培养和国际交流。文化维度理论，是由荷兰社会心理学家吉尔·霍夫斯泰德（Geert Hofstede）提出，是一种通过多个文化维度来比较和解释不同国家文化差异的框架。本文将探讨文化维度理论在跨文化教育中的应用，重点关注文化维度的核心概念、具体维度的解释及其在教育实践中的指导作用。

（一）文化维度理论的核心概念

文化维度理论基于对不同国家和文化的调查研究，旨在揭示人类行为和价值观在全球范围内的差异。霍夫斯泰德的研究发现，文化可以通过几个维度进行比较，这些维度是独立的、有序的文化特征。

1. 个体主义与集体主义

个体主义强调个体的自主性和个体目标的追求，而集体主义强调群体之间的紧密联系和集体目标的实现。在个体主义的文化中，个体更注重个人权利和独立性，而在集体主义的文化中，个体更注重集体责任和群体的互助合作。

2. 权力距离

权力距离描述了社会中不同层次之间的权力分配和接受程度。在权力距离较大的社会中，权力分配不均匀，人们更容忍权威和社会等级；而在权力距离较小的社会中，权力分配相对均匀，人们会更注重平等和民主。

3. 不确定性回避

不确定性回避指的是人们对未来不确定性的接受程度。在不确定性回避较高的文化中，人们更倾向于规划和控制未来，对不确定性的容忍较低；而在不确定性回避较低的文化中，人们更愿意接受变化和不确定性。

4. 阳性与阴性情感

阳性与阴性情感描述了社会中对于情感表达的态度。在阳性情感的文化中，人们更倾向于积极、乐观、直率地表达情感；而在阴性情感的文化中，人们更注重抑制情感，表达相对较为保守。

5. 长期导向与短期导向

长期导向强调未来、耐心、坚韧不拔的价值观，更加注重长期目标的实现；而短期导向强调过去和现在，更注重眼前的利益和即时回报。

（二）文化维度理论在跨文化教育中的应用

1. 个体主义与集体主义的应用

在跨文化教育中，了解个体主义与集体主义的差异有助于教育者更好地设计教育环境。在个体主义文化中，会强调学生独立思考和自主学习；而在集体主义文化中，则更注重合作学习和群体活动。为了促使学生更好地适应跨文化学习环境，教育者可以采用灵活的教学策略，同时鼓励学生在合适的场合中展现个体主义或集体主义的特质。在教育活动中，可以通过组织小组项目、合作研究等方式培养学生的协作精神，同时也要为他们提供独立思考和表达个人意见的机会。

2. 权力距离的应用

了解不同文化中的权力距离差异有助于建立更平等和尊重的教育环境。在权力距离较大的文化中，教育者可能更倾向于以权威的方式传授知识，而在权力距离较小的文化中，更注重师生平等的互动。教育者可以采用鼓励学生提出问题、参与讨论的方式，降低权力距离，以此创造更加开放的学习氛围。

3. 不确定性回避的应用

在跨文化教育中，了解不同文化对不确定性的接受程度有助于适应教育策略。在不确定性回避较高的文化中，学生可能更倾向于追求确定性和规划，而在不确定性回避较低的文化中，更愿意面对不确定性和灵活应对。因此，教育者需要采用更加灵活、开放的教学方法，鼓励学生面对未知并培养解决问题的能力。

4. 阳性与阴性情感的应用

了解文化中情感表达的差异有助于教育者能够更好地理解学生的情感需求。在阳性情感文化中，教育者可以通过鼓励积极的互动、表扬学生的努力来促进积极情感的表达。而在阴性情感文化中，可能更需要为学生提供私人空间、理解其情感保守的特质。

5. 长期导向与短期导向的应用

了解文化中长期导向与短期导向的差异有助于制定更合适的教育目标。在长期导向的文化中，可能更注重培养学生的毅力和长期目标；而在短期导向的文化中，更可能关注即时成果和近期目标。因此，教育者可以设计更符合学生文化特征的学习任务，同时也能够帮助学生树立长远的学业和职业目标。

（三）文化维度理论在国际教育中的挑战与应对

1. 文化维度理论的过度概括

文化维度理论在总结文化差异时采用了一些过度概括的方法，将国家和文化划分为几个固定的维度。然而，文化实际上是动态变化的，不同个体在同一文化中也可能有差异。因此，在应用文化维度理论时，教育者需要十分注意个体差异和文化变迁的影响。

2. 个体差异的考量

文化维度理论强调了不同文化之间的共性，但往往忽视了个体在文化差异中的独特性。在跨文化教育中，个体差异也同样重要，因此教育者需要综合考虑文化差异和个体差异，制定更合适的教育策略。

3. 文化维度理论的静态性

文化维度理论在一定程度上呈现了文化的静态性,即假定文化特征是相对稳定的。然而,随着全球化的推进和信息时代的来临,文化变化的速度明显加快。教育者需要认识到文化是动态演变的,不同时期可能存在着不同的文化特征,因此应灵活调整教学方法和策略。

4. 挑战性文化维度的划分

文化维度理论的划分在某些情况下可能过于简化,无法完全捕捉某些复杂的文化现象。例如,有些国家可能在某些维度上表现出混合特征,而且文化现象可能受到多种因素的影响。在应用文化维度理论时,教育者需要谨慎分析文化差异,不可过于绝对化地套用理论框架。

5. 本土化与全球化的平衡

在国际教育中,教育者需要平衡本土文化与全球文化之间的关系。文化维度理论强调了不同国家的文化差异,但在全球化的背景下,也需要培养学生具备跨文化合作和全球意识的能力。教育者应该在保持本土文化传统的同时,还要引导学生理解和尊重多元文化,促进全球化背景下的教育交流。

文化维度理论为跨文化教育提供了有益的框架,帮助教育者理解和应对了不同文化之间的差异。然而,在应用这一理论时,需要注意概括性和静态性的局限性,以及在国际教育中平衡本土化与全球化的挑战。教育者在设计跨文化教育课程和实施教学活动时,应结合具体情境,充分考虑个体差异,还要灵活运用文化维度理论,以促进学生在跨文化环境中的全面发展。通过深入理解文化差异,跨文化教育将更有助于培养具备全球视野和跨文化沟通能力的学生,为他们在国际舞台上更好地融入和发展打下坚实基础。

二、社会认知理论与跨文化教育

跨文化教育旨在促进个体在多元文化环境中的适应和发展,培养学生具备跨文化沟通、理解和尊重的能力。在实现这一目标的过程中,社会认知理论提供了重要的理论支持。本文将深入探讨社会认知理论及其在跨文化教育中的应用,重点关注理论的核心概念、相关模型以及其对跨文化教育实践的指导作用。

(一)社会认知理论的核心概念

社会认知理论是心理学领域中的一个重要分支,着重强调了社会因素对个体认知和学习的影响。以下是社会认知理论的核心概念。

1. 社会学习理论

社会学习理论,是由阿尔伯特·班杰拉提出,突出强调个体通过观察和模仿他人的行为来学习。这一理论指出,社会环境中的角色模型、社会反馈和观察学习等都对个体的认知发展和行为产生了深远的影响。

2. 社会认知理论的基本原理

社会认知理论的基本原理包括注意、记忆、模仿和动机。个体在社会环境中通过关注特定信息,能够将其存储在记忆中,并通过模仿他人的行为来学习。动机是推动个体参与社会学习的关键因素,个体通常更愿意模仿那些他们认为与自己目标相关或能够获得奖励的行为。

3. 观察学习

观察学习是社会认知理论中的重要概念,强调通过观察他人的行为和结果来获取知识和技能。观察学习通过模仿和注意力的集中,帮助个体在社会化过程中获得新的认知和技能。

(二)社会认知理论与跨文化教育的联系

1. 跨文化观察学习

社会认知理论的观察学习概念在跨文化教育中具有重要意义。学生在多元文化环境中可以通过观察他人的行为、语言使用和文化习惯,来获取关于不同文化的信息。通过观察学习,学生可以更好地理解和适应新文化,减轻跨文化交流的障碍。

2. 跨文化角色模型

社会学习理论中的角色模型概念对于跨文化教育同样具有指导意义。在跨文化教育中,教育者和同学可以成为学生的跨文化角色模型,来展示对不同文化的尊重、理解和接纳。可以通过提供积极的跨文化行为示范,教育者和同学可以对学生的文化适应和学习产生积极影响。

3. 跨文化社会反馈

在社会认知理论中的社会反馈原理在跨文化教育中也具有重要作用。个体在跨文化环境中的行为和表达可能受到不同文化成员的反馈,这些反馈可以是积极的或消极的。

通过接受来自不同文化的社会反馈,学生能够更好地了解和调整自己在跨文化交往中的行为,实现文化适应。

(三)社会认知理论的跨文化教育模型

社会认知理论的核心概念为构建跨文化教育模型提供了基础。以下是一个基于社会认知理论的跨文化教育模型。

1. 观察学习阶段

在这一阶段,学生可以通过观察来自不同文化的角色模型的行为,了解他们的语言使用、文化习惯以及社交技能。这包括了教育者、同学,甚至是社会中的其他文化成员。观察学习阶段注重学生对于多元文化特征的主动观察和理解,帮助他们建立起初步的文化意识。

2. 模仿与实践阶段

在模仿与实践阶段,学生开始模仿他们观察到的文化特征,并在实际交往中应用这些技能。教育者在这一阶段扮演着重要的角色,通过提供具体的文化情境和实践机会,引导学生逐步将观察到的文化元素融入自己的行为和语境中。

3. 反馈与调整阶段

在这一阶段,学生接受来自不同文化成员的社会反馈,包括积极的肯定和建设性的建议。社会反馈有助于学生更好地理解自己的文化表达在跨文化环境中的效果,并做出相应的调整。教育者可以通过鼓励开放的反馈文化、提供定期的反馈机制,促使学生在文化适应中不断改进。

4. 动机与自主学习阶段

在动机与自主学习阶段,学生逐渐培养起自主学习的动力,并能够主动寻求更多跨文化经验。教育者通过激发学生的学习兴趣、提供深度的文化体验和鼓励他们探索更广泛的文化领域,以促使学生在跨文化学习中实现自主成长。

(四)社会认知理论在跨文化教育中的应用策略

1. 提供多元文化角色模型

教育者可以通过多元文化的教育团队、引入跨文化嘉宾或提供多元文化案例等方式,为学生提供不同文化的角色模型。这有助于学生更全面地了解和体验不同文化的特征,促使他们在观察学习阶段获得更多元的认知。

2. 创设跨文化实践场景

为学生创设跨文化实践场景，提供实际的跨文化交往机会。这可以包括模拟跨文化团队合作、开展国际交流项目或组织文化交流活动等。通过在实践中应用观察到的文化元素，学生能够更深入地理解和体验跨文化交往。

3. 鼓励学生主动寻求反馈

教育者应鼓励学生在跨文化学习中主动寻求反馈。这可以通过组织小组讨论、设立反馈机制、鼓励学生参与文化交流社群等方式实现。主动寻求反馈有助于学生更及时地了解自己在跨文化交往中的表现，推动其在反馈与调整阶段的不断改进。

4. 激发学生的跨文化兴趣

教育者可以通过引入丰富多彩的跨文化素材、组织文化体验活动、设计跨文化研究项目等方式，激发学生对跨文化学习的兴趣。激发学生的动机有助于推动他们在学习过程中更加投入和自主，就能够实现动机与自主学习阶段的顺利过渡。

（五）社会认知理论与跨文化教育的挑战

1. 个体差异的考虑

社会认知理论在强调社会因素对学习的影响时，有时可能过于一般化。个体差异在跨文化学习中同样是重要因素，每个学生对于观察学习和模仿学习的接受程度可能也会存在差异。因此，在应用理论时，需要考虑并尊重学生的个体差异。

2. 跨文化环境的复杂性

跨文化教育涉及的文化因素极为复杂，不同文化之间存在多样性和动态性。社会认知理论在一定程度上可能无法完全解释所有跨文化情境中的认知和学习过程。教育者需要谨慎运用理论，并结合实际情境进行灵活调整。

3. 跨文化交际的情感因素

社会认知理论强调了观察学习和模仿学习，但在跨文化交际中，情感因素也同样至关重要。学生的情感态度和情感适应对于跨文化学习的成功起着重要作用。因此，在设计跨文化教育策略时，还需要充分考虑情感因素，营造支持性的情感氛围。

社会认知理论为跨文化教育提供了有益的理论框架，强调了社会因素对个体认知和学习的重要性。通过观察学习、模仿学习、社会反馈和动机等基本原理，学生能够在跨文化环境中更好地适应和发展。

在跨文化教育实践中，教育者可以通过提供多元文化角色模型、创设跨文化实践场景、鼓励学生主动寻求反馈以及激发学生的跨文化兴趣等策略，应用社会认知理论促进学生的跨文化学习。然而，也需要注意个体差异的存在、跨文化环境的复杂性以及情感因素的影响，灵活运用理论，需要结合实际情境，为学生提供更富有深度和广度的跨文化学习体验。

通过深入理解社会认知理论，并在跨文化教育实践中巧妙应用，可以更好地促进学生在多元文化社会中的发展，培养具备跨文化意识和能力的全球公民。这样的全面发展不仅有助于学生更好地适应跨文化环境，而且还为他们未来的职业发展和全球参与打下坚实基础。

三、跨文化沟通理论的重要性

跨文化沟通是在不同文化背景下进行交流和互动的过程。在全球化的时代，跨文化沟通已成为各领域不可或缺的重要能力。跨文化沟通理论作为研究和解释在跨文化交往中发生的现象的体系，对于帮助个体更好地理解、应对和利用跨文化沟通的挑战至关重要。本文将深入探讨跨文化沟通理论的重要性，包括理论的核心概念、应用场景、挑战和应对策略。

（一）跨文化沟通理论的核心概念

1. 文化维度理论

文化维度理论是跨文化沟通理论中的重要组成部分，强调不同文化之间存在的基本差异。该理论由吉尔·霍夫斯泰德提出，通过几个核心维度（个体主义与集体主义、权力距离、不确定性回避、阴性与阳性情感、长期导向与短期导向）比较不同文化的特征，帮助解释和理解文化之间的差异。

2. 文化冲击理论

文化冲击理论指出，在跨文化环境中，个体可能经历一系列的心理、情感和生理上的不适应，被称为文化冲击。这种理论强调了在新文化环境中，个体可能会面临的困惑、焦虑和自我怀疑，从而帮助解释跨文化交流中可能出现的问题。

3. 语境理论

语境理论强调文化差异对语言使用和理解的影响。高语境文化更注重非言语沟通、隐喻和上下文，而低语境文化更倾向于直接、明确的表达。理解语境的差异有助于在跨文化沟通中更准确地理解和解释信息。

4. 礼貌理论

跨文化沟通中的礼貌理论关注不同文化对于礼貌和社交规范的理解。礼貌的表达方式在不同文化中有所不同，了解并尊重对方文化的礼貌习惯对于建立良好的跨文化关系至关重要。

（二）跨文化沟通理论的应用场景

1. 商务和国际贸易

在国际商务和贸易中，跨文化沟通理论的应用至关重要。了解对方文化的商务礼仪、谈判风格、沟通方式等，有助于建立信任，避免文化冲突，能够促进商务合作的顺利进行。

2. 国际外交和政治交流

在国际外交和政治交流中，不同国家和地区的政治体制、文化传统、价值观念等存在差异。跨文化沟通理论帮助政治人物更好地理解对方的文化差异，从而更有效地进行外交谈判和国际合作。

3. 跨国企业管理

在跨国企业中，领导层和团队成员来自不同的文化背景。跨文化沟通理论可以帮助企业管理层更好地领导多元文化团队，降低文化冲击，有利于提高团队效能。

4. 跨文化教育

在教育领域，特别是在国际教育中，跨文化沟通理论对教育者和学生的跨文化交流至关重要。教育者需要适应学生的文化差异，设计具有文化敏感性的教学内容和方法。

5. 跨文化团队合作

在跨文化团队中，团队成员可能来自不同的国家、地区和文化背景。跨文化沟通理论有助于团队成员更好地理解彼此，减少误解和冲突。通过培养团队成员的跨文化沟通技能，可以提高团队协作效率，也能促使团队取得更好的绩效。

6. 跨文化媒体和传播

随着信息技术的飞速发展，媒体和传播也越来越跨国、跨文化。了解不同文化对于信息的理解和解读方式，对于媒体从业者和传播者来说至关重要。跨文化沟通理论有助于提高媒体从业者的文化敏感性，可以避免文化误导，还可以提高信息的传递效果。

（三）跨文化沟通理论的重要性

1. 解释文化差异

跨文化沟通理论通过提供理论框架，帮助解释不同文化之间的差异。文化维度理论等概念使我们能够了解为什么在某些文化中，个体更倾向于集体主义，而在另一些文化中，个体更注重个人主义。这种理论的解释性质帮助个体更好地理解文化差异的本质。

2. 指导跨文化交流

跨文化沟通理论提供了在不同文化背景下进行有效沟通的指导原则。例如，语境理论提醒我们在高语境文化中更注重上下文信息，而在低语境文化中更强调直接表达。这种指导有助于个体在跨文化交流中更加敏感和灵活。

3. 减少文化冲击

文化冲击是在新文化环境中可能经历的心理、情感和生理上的不适应。了解文化冲击理论有助于个体在跨文化体验中更好地应对挑战，可以很好地减少由于文化差异引起的困扰。这对于在国际旅行、留学或工作的个体至关重要。

4. 提高文化敏感性

跨文化沟通理论有助于提高个体的文化敏感性。通过理解文化差异的本质和影响，个体能够更好地在跨文化环境中与他人互动。这对于建立跨文化关系、避免冲突以及促进文化交流至关重要。

5. 改善国际合作

在全球化的时代，国际合作变得愈发频繁而紧密。跨文化沟通理论的应用可以帮助不同国家和地区更好地合作。理解对方的文化习惯、沟通方式和价值观，有助于建立相互尊重和信任的合作关系。

6. 促进文化多元性

跨文化沟通理论的重要性还体现在促进文化多元性方面。通过理解和尊重不同文化的沟通方式和行为准则，可以促使社会变得更加包容和多元。这有助于打破文化壁垒，推动全球社会的共同发展。

（四）跨文化沟通理论的挑战

1. 过度概括

跨文化沟通理论在描述文化差异时可能存在过度概括的问题。文化是动态的、多元的，而某些理论可能将某些文化特征简化为绝对的固定模式，会忽视了文化内部的多样性。

2. 文化单一性

一些跨文化沟通理论可能过于强调某些文化特征，使得人们非常容易陷入对文化的单一化看法。每个文化都是复杂多样的，同一文化内部也存在着差异。忽略文化内部的多元性可能导致对跨文化交流的误解和刻板印象。

3. 文化动态性

跨文化沟通理论在描述文化时有时倾向于静态化，而实际上文化是动态演变的。文化的变迁和发展可能使得某些理论在一段时间后不再准确或适用。因此，理论需要灵活调整反映文化的动态性。

4. 个体差异的忽视

一些跨文化沟通理论可能过于集中于文化的整体特征，而忽视了个体差异。个体在同一文化中可能有不同的沟通风格、习惯和偏好。理论需要更加注重个体层面，以更全面地解释和应对跨文化沟通。

（五）应对跨文化沟通挑战的策略

1. 跨文化培训和教育

为个体提供跨文化培训和教育是应对跨文化沟通挑战的有效策略。通过培训，个体可以学习关于不同文化的知识、技能和态度，提高他们的文化敏感性和跨文化沟通技能。

2. 多元文化团队建设

在团队中引入多元文化成员，可以促使团队成员相互学习和理解。多元文化团队建设有助于打破文化壁垒，提高团队在跨文化环境中的协作效率。

3. 鼓励开放性沟通

鼓励开放、诚实和透明的沟通有助于减少文化误解。个体在交流中应该表达自己的观点，同时也要愿意聆听和理解对方的观点，建立互信关系。

4. 学习本地语言和文化

学习本地语言和文化是更好地融入新文化、理解当地人习惯和价值观的关键。这有助于减少文化冲击，还可以增强在新文化环境中的适应能力。

5. 跨文化沟通技能培养

培养跨文化沟通技能，包括解读非言语信号、适应不同的沟通风格、灵活运用语言等方面的技能。这有助于在不同文化环境中更加成功地进行沟通。

跨文化沟通理论的重要性在于帮助个体更好地理解和应对文化差异，以提高文化敏感性，促进跨文化交流和合作。通过理解文化维度、文化冲击、语境和礼貌等理论，个体能够更好地应对在跨文化环境中可能遇到的问题和挑战。然而，应该注意理论的过度概括和文化单一性，灵活运用理论，再结合实际情境，以更全面、准确地理解和应对跨文化沟通的复杂性。通过培训、教育、多元文化团队建设等策略,可以更好地提高个体的跨文化沟通能力,促进全球化时代的文化多元共融。

第三节 文化对语言教学的影响

一、文化与语言紧密相连的关系

文化和语言是人类社会的两个基本组成部分,二者之间存在着紧密而复杂的关系。语言是文化的表达和传递工具,而文化则在语言中得以传承和表达。本文将深入探讨文化与语言之间的紧密相连的关系,从语言的文化载体、文化对语言的塑造、语言在文化传承中的作用等方面进行详细的论述。

(一)语言的文化载体

1. 语言反映文化观念

语言是文化观念的重要反映,通过语言我们可以窥见一个社群的价值观、信仰体系、道德规范等。例如,一些文化中可能存在着对家庭、尊老爱幼的强调,这种价值观可以在语言中体现为对于亲属关系、尊称的差异,以及相关的礼貌用语。

2. 语言中的社会等级和权力关系

不同文化对于社会等级和权力关系的看法在语言中得以表达。一些语言可能具有明显的敬语和非敬语的区分,反映了社会中权力和地位的差异。通过语言,人们能够感知到文化中的社会结构和权力分配的模式。

3. 文化的时空观在语言中的映射

文化的时空观念在语言中得以映射。有些文化对时间的看法强调准时和计划,而另一些可能更注重灵活性和事件的发展。这种时空观念会反映在语言中,如对待时间的措辞、表达方式等。

(二)文化对语言的塑造

1. 词汇和表达方式的文化独特性

每种文化都有独特的词汇和表达方式,这反映了文化对于特定概念和经验的重视程度。比如，一些文化可能有专门的词汇来描述与自然环境相关的事物，反映了人们对自然的关注和理解。

2.文化背景下的语法和语音差异

文化背景也会影响语言的语法结构和语音特点。例如，某些文化可能更注重正式的表达方式，而会导致语法结构相对繁复。另一方面，一些文化可能更倾向于简洁直接的表达，影响了语言的语法和语音。

3.礼仪和礼貌用语的文化差异

礼仪和礼貌用语是文化中重要的语言表达方式。不同文化对于礼仪的重视程度以及表达礼貌的方式都存在差异。通过语言的使用，可以了解到不同文化中人们对于社交礼仪的期望和要求。

（三）语言在文化传承中的作用

1.语言是文化的传承工具

语言是文化的传承工具，通过语言，文化的知识、价值观、传统等能够代代相传。口头传统、谚语、歌谣等都是语言在文化传承中的表现，通过这些方式，人们能够将文化的精髓传递给后代。

2.故事和传说的语言表达

文化中的故事和传说通过语言得以传达。这不仅包括口头传统的故事，而且还包括文学作品等。语言通过叙述和表达，承载着文化中的智慧、道德观念和历史记忆。

3.文化记忆的语言化表达

语言是文化记忆的媒介，通过语言，人们能够记录、传承和共享文化的历史。文化记忆在语言中以叙述、诗歌、文学等形式存在，帮助维系着文化的延续。

（四）语言多样性与文化丰富性

1.语言多样性的文化丰富性

世界上存在着丰富多彩的语言，每种语言都承载着特定文化的独特精髓。语言的多样性反映了人类社会的多元文化，每种语言都是一种宝贵的文化资源。

2.文化的表达方式与语言的灵活性

文化通过语言表达，而语言的灵活性为文化提供了多种表达方式。不同语言中的诗歌、歌曲、戏剧等形式都是文化的独特表达方式，还展现了语言的丰富性。

3.语言的演变与文化的创新

语言的演变是文化创新的一种表现。随着社会的发展，新的概念、技术、思想等会不断涌现，语言通过创新和演变，为这些新事物提供合适的表达方式，促进文化的发展和适应。

（五）全球化时代的语言与文化

1.语言的媒介作用在全球化中的重要性

在全球化时代，语言作为媒介在跨文化交流中发挥着关键作用。全球化使得不同文化之间的联系更为紧密，语言成为促进国际合作、贸易、文化交流的桥梁。英语作为一种全球通用语言，在国际交往中发挥着特殊的作用。

2.文化多元性的维护与尊重

在全球化的同时，也需要维护和尊重文化多元性。语言在文化传承中扮演着重要的角色，而保护语言的多样性有助于维护各种文化的独特性，还要避免文化同质化的趋势。

3.跨文化沟通的挑战与机遇

在全球化背景下，跨文化沟通面临着挑战和机遇。语言的差异可能导致误解和沟通障碍，但同时也为个体提供了更多学习和了解其他文化的机会。通过跨文化交流，人们能够更深入地理解不同文化的思维方式、价值观念，促进文化之间的相互尊重和理解。

文化与语言之间的关系是紧密而不可分割的，二者相互交织、相互影响，共同构成了人类社会的文化语境。语言是文化的表达和传递工具，反映了文化的观念、价值和传统。文化则通过语言得以传承、创新和表达。语言中的词汇、语法、语音等特点都承载着文化的印记，而文化中的故事、传说、价值观念则在语言中找到了生动的表达方式。

在全球化的背景下，语言和文化的关系变得更加复杂而重要。语言作为全球交流的媒介，促进了跨文化的互动，但也带来了一些挑战，需要在尊重文化多元性的基础上进行有效的跨文化沟通。在这个过程中，人们不仅应当重视语言的多样性，还应当尊重和保护各种文化的独特性，实现文化的共生共荣。通过深入理解文化与语言之间的复杂关系，人们可以更好地适应全球化的社会，推动文化的传承和发展。

二、文化差异对语言习得的影响

语言习得是一个复杂而多层次的过程，而文化差异是影响语言习得的重要因素之一。文化差异涵盖了语言的社会背景、交际方式、价值观念等多个方面，对于学习一门新语言的个体来说，这些文化因素将直接影响其语言学习的效果。本文将深入探讨文化差异对语言习得的影响，包括文化对语言学习动机的塑造、语言习得中的社会文化因素、文化对语言交际策略的影响等方面。

（一）文化对语言学习动机的塑造

1. 价值观与语言学习动机

每个文化都有其独特的价值观念，而这些价值观将直接塑造个体的语言学习动机。例如，一些文化重视社会集体，强调团队协作，个体可能会因为融入社会群体的需要而更有动力学习语言。相反，一些强调个体主义的文化可能更注重个体表达，语言学习的动机都有可能来自于展示自己的能力。

2. 社会期望与语言学习动机

文化中的社会期望也会影响语言学习的动机。在一些文化中，特别是亚洲文化中，语言学习被视为成功的重要因素，个体可能受到家庭、社会的期望而产生更强烈的语言学习动机。而在一些西方文化中，语言学习的动机可能更多源于个体的兴趣和自主选择。

（二）语言习得中的社会文化因素

1. 社会角色和语言使用

不同文化中的社会角色和语言使用方式也对语言习得产生深远影响。例如，在一些社会结构相对扁平的文化中，个体更可能与各种社会角色进行直接而平等的交流，这将促进语言的自然习得。相反，在一些社会等级较为分明的文化中，语言使用可能也会受到社会地位和身份的制约，个体可能更注重语言的尊卑之分。

2. 礼貌和语言交际

文化对于礼貌和语言交际方式的定义存在很大差异。一些文化对于直接表达更为看重，而另一些文化可能更注重含蓄和委婉的表达方式。这将会直接影响语言习得者在交际中的表达方式和理解能力。

3. 社交距离和语言亲疏

文化差异还表现在对社交距离的认知上。在一些文化中，人们可能更倾向于亲密而直接的语言交流，而另一些文化可能更注重保持一定的社交距离，表达方式更为谨慎。这将影响语言习得者在不同社交场合的语言运用能力。

（三）文化对语言交际策略的影响

1. 非言语交际的文化差异

非言语交际是语言交际中一个重要的组成部分，而不同文化对于非言语交际的理解和运用存在明显差异。例如，眼神交流、手势、面部表情等在不同文化中可能有着截然不同的含义，这对于语言习得者来说构成了额外的学习难度。比如，在一些文化中，直视对话伙伴可能被视为自信和尊重的表现，而在另一些文化中，过于直接的眼神交流可能被认为是无礼或挑衅。

2. 语气、语调和文化差异

语气和语调在语言中扮演着至关重要的角色，它们能够传递情感、强调重点，但不同文化中对于语气和语调的运用可能存在较大差异。某些文化可能更倾向于使用强烈的语气来表达情感，而另一些文化可能更注重语调的平稳和温和。

3. 沟通方式和文化偏好

文化对于沟通方式的偏好也会影响语言学习者在交际中的表达。一些文化可能更注重直截了当的表达方式，而另一些文化可能更倾向于使用暗示和隐喻。语言学习者需要了解并适应不同文化的沟通方式，以更好地融入交流环境。

（四）文化差异在语言教育中的挑战与应对

1. 老师与学生文化差异

在跨文化的语言教育环境中，学生和教师往往来自不同的文化背景。教师需要意识到学生可能对于教学方式、评价标准、课堂参与等方面有不同的期待和理解。因此，教师在教学中应当灵活调整教学策略，以提供更加包容和多元化的教育环境。

2. 文化敏感性的培养

语言教育中需要培养学生的文化敏感性，使其能够更好地理解和尊重不同文化之间的差异。这可以通过引入跨文化交流的案例、开展跨文化体验活动等方式来实现，帮助学生在语言学习的同时也能增强对文化多样性的理解。

3. 跨文化交流技能的培养

语言学习者除了学习语言本身，还需要培养跨文化交流的技能。这包括了解不同文化的沟通规则、尊重对方文化的差异、适应多样化的语境等。在语言教育中，可以通过模拟跨文化交流的场景、引入真实的跨文化案例等方式，培养学生的跨文化交流技能。

4. 多元教材的运用

在语言教育中，选择多元化的教材能够更好地反映不同文化的语言使用和交际方式。这样的教材有助于学生更全面地了解语言背后的文化内涵，以避免对于某一文化的过度偏见。同时，多元教材也有助于激发学生对于多元文化的兴趣，提高学习动力。

文化差异对于语言习得有着深远的影响，涉及了语言学习动机、社会文化因素、交际策略等多个方面。理解和尊重文化差异不仅有助于提高语言学习者的语言运用能力，而且也有助于培养跨文化交流的技能。在语言教育中，教师需要更加关注学生的文化背景，设计更贴近学生实际情境的教学内容和方法。同时，学生也需要培养对于不同文化的开放心态，适应和理解多元文化环境。通过双向的努力，可以更好地实现语言学习和文化认知的共同发展。

三、跨文化交际中的语言难题

跨文化交际是在不同文化背景下进行的交际活动，其中语言作为信息传递和文化表达的媒介发挥着关键作用。然而，由于文化差异、语言结构不同等因素，在跨文化交际中常常涌现出各种语言难题。本文将深入探讨在跨文化交际中可能遇到的语言难题，包括语言误解、语言歧义、语境不同、语气差异等方面，并提出应对这些问题的策略。

（一）语言误解

1. 词汇差异

在跨文化交际中，不同文化使用不同的词汇来表达相似的概念，甚至在同一语境下，某些词汇的含义也可能有所偏差。这种词汇差异容易导致语言误解，使得交流双方对于对方的表达产生不同的理解。

策略：在交流中要对关键词必须要进行澄清和确认，避免基于自己文化背景的理解做出片面的解释。双方可以通过积极提问，确保对方理解了特定词汇的准确含义。

2. 语法结构差异

不同语言拥有不同的语法结构和句法规则，这可能导致在翻译或表达时产生语法误差。一些结构在另一种语言中可能没有直接对应，或者语序的不同可能改变了句子的语义。

策略：学习者应该认识到语法结构的差异，并且在表达时要更加注重语法的准确性。同时，在跨文化交际中，接受一定的语法差异，以理解对方的表达方式。

（二）语言歧义

1. 多义性词汇

一些词汇在不同语境中可能有多种解释，而在跨文化交际中，由于文化背景和语境的不同，很容易出现语言歧义。同一个词汇可能在不同文化中有不同的涵义，很有可能会导致误解和混淆。

策略：在使用多义性词汇时，需要注意语境和环境，并在有疑虑的情况下进行澄清。接受双方可能对于某些词汇有不同理解，可以通过积极的沟通来达成共识。

2. 文化内涵

某些词汇或表达在一个文化中可能带有特殊的文化内涵，而在另一个文化中可能没有相应的体验或情感。这样的差异容易导致语言歧义，使得交流双方对于表达的真实含义产生偏差。

策略：在涉及文化内涵的词汇或表达时，尽量提供更多的上下文信息，或者选择更通用的词汇，以降低歧义的可能性。另外，倡导对于文化差异的尊重和理解，促进更开放的交流氛围。

（三）语境不同

1. 礼貌用语

不同文化对于礼貌用语和交际方式有着不同的期望。在一些文化中，直接而坦率的表达可能被视为真诚，而在另一些文化中，更加委婉和间接的表达方式可能更符合礼貌标准。

策略：学习者需要了解目标文化中的礼貌用语和交际准则，尽量适应对方的语境，以减少可能的交际障碍。同时，接受不同文化之间在交际风格上的差异，增进跨文化理解。

2. 文化背景

不同文化背景下的语境差异会影响交流双方对于信息的理解。文化中的历史、宗教、价值观等元素都会渗透到语境中，使得相同的言辞在不同文化中可能产生截然不同的解读。

策略：在跨文化交际中，提供足够的背景信息，帮助对方更好地理解言辞的来龙去脉。同时，学习者也需要主动了解和尊重对方文化的背景，以更好地理解对方的表达和期望。

（四）语气差异

1. 肢体语言和表情

语气不仅仅表现在言辞中，而且还包括肢体语言和面部表情。不同文化对于肢体语言和表情的使用和解读有所差异，这可能导致语气的误解，使得交流双方在情感和沟通层面存在隔阂。

策略：在跨文化交际中，学习者需要敏感地捕捉对方的肢体语言和表情，同时也要注意自己的非言语言表达，以确保言辞和肢体语言的一致性。双方可以通过主动询问、确认和反馈来减少语气误解的可能性。

2. 语调和声音的差异

语调和声音的差异也可能导致语气的误解。在不同文化中，语调的升降、语速的快慢以及声音的高低都可能产生不同的语气效果。这对于语言习得者来说，特别是在电话或在线交流中，增加了理解的难度。

策略：学习者需要敏感地注意语调和声音的变化，尤其是在对方表达强烈情感或重要信息时。在可能的情况下，选择更为正式的交流方式，以减少语气误解的可能性。

（五）跨文化交际的解决策略

1. 学习对方语言和文化

为了更好地应对跨文化交际中的语言难题，学习者需要不断深化对目标语言和文化的了解。这包括了学习对方的礼貌用语、文化内涵、交际方式等方面的知识，以便更加准确地理解和运用语言。

2. 提高语言敏感度

提高语言敏感度是有效解决语言难题的关键。学习者需要训练自己对于语言的敏感性，包括词汇的选择、语法的运用、语气的变化等。可以通过反复练习和不断积累，提高对于语言细微差异的感知能力。

3. 主动沟通和确认

在跨文化交际中，主动沟通和确认是防范语言难题的有效手段。学习者和交流双方应当养成主动询问、澄清和确认的习惯，及时纠正可能的误解，来避免沟通隔阂的产生。

4. 接受文化差异

在跨文化交际中，接受文化差异是建立有效沟通的基础。学习者需要摒弃对于自己文化的过度偏见，尊重并理解对方的文化差异。这有助于创造一个更加包容和开放的交流环境。

5. 多元文化培训

为了更好地应对跨文化交际中的语言难题，学习者可以参加多元文化培训。这样的培训课程通常会涵盖语言、文化差异、跨文化交际技能等方面的内容，帮助学习者更好地适应跨文化环境。

跨文化交际中的语言难题是不可避免的，但只要通过有效的策略和主动的努力，学习者可以有效地减少误解和提高交流效果。理解文化背景、提高语言敏感度、主动沟通和接受文化差异都是有效的手段。在全球化时代，培养良好的跨文化交际能力对于个体和组织来说变得越发重要，通过不断学习和实践，我们就可以更好地应对跨文化交际中的语言挑战，促进更加有效和和谐的国际交流。

第四节　全球化时代下的跨文化教育

一、跨文化教育在全球化背景下的意义

（一）概述

随着全球化的推进，各国之间的联系和互依程度不断增加，人们的交往变得更加频繁和紧密。在这个背景下，跨文化教育变得尤为重要，它不仅是教育领域的一个重要议题，而且更是对于个体和社会发展的关键因素。本文将深入探讨跨文化教育在全球化背景下的意义，包括对个体的影响、社会的推动作用以及全球合作与文化多样性的促进。

（二）全球化与跨文化教育

1. 全球化的定义与趋势

全球化是指在经济、文化、政治等领域中，世界各国相互联系和相互依存程度不断提高的现象。全球化的推动因素包括信息技术的发展、国际贸易的增加、跨国公司的崛起等。这使得各国之间的交流更加频繁和深入，逐渐形成了一个相互关联的全球社会。

2. 跨文化教育的内涵

跨文化教育是一种培养个体在不同文化环境中适应和融合的教育方式。它不仅仅关注语言和文化的传授，更是强调培养学生的跨文化意识、跨文化沟通能力和对于多元文化的尊重。跨文化教育的目标是培养具有全球视野和国际竞争力的人才。

(三)跨文化教育对个体的影响

1. 培养跨文化意识

在全球化的时代,个体需要更加开放、包容,具备跨文化意识。跨文化教育通过引导学生了解和尊重不同文化,培养他们对于文化多样性的敏感性,使得个体能够更好地适应跨文化环境。

2. 提高跨文化沟通能力

跨文化教育强调的不仅是语言的学习,而且更是跨文化沟通能力的培养。这包括学习如何理解和应对不同文化的交流方式、习惯和价值观,使得个体能够更加顺利地进行国际交往。

3. 培养国际竞争力

在全球化时代,国际竞争变得更加激烈。通过跨文化教育,个体能够获得更广泛的知识和技能,不仅可以适应国际化的工作环境,更能够在国际竞争中脱颖而出。

4. 塑造全球视野

跨文化教育有助于塑造学生的全球视野,使他们能够更好地理解全球事务、关注国际问题。这有助于培养具有责任感和国际视野的公民,还能够为全球的发展和合作做出积极贡献。

(四)跨文化教育对社会的推动作用

1. 促进文化交流与理解

跨文化教育通过推动学生之间的文化交流,有助于打破文化隔阂,可以增进不同文化之间的理解与尊重。这对于构建和谐多元的社会有着积极的推动作用。

2. 促进国际合作与发展

具备跨文化教育背景的人才更容易参与到国际合作和跨国公司中,推动国际合作的深入发展。他们在全球范围内的资源整合和合作助力于促进全球的经济、科技、文化等多领域的共同发展。

3. 强化国际文化软实力

跨文化教育有助于提高一个国家的文化软实力。通过培养具有国际视野的人才,国家更能够在国际文化交流中发挥引领作用,可以提升自身在全球文化舞台上的影响力。

4. 减少文化冲突与误解

跨文化教育的推广有助于减少由于文化差异而导致的冲突和误解。理解和尊重不同文化的教育可以为社会创造一个更加包容和和谐的环境,减少由于文化摩擦而引发的矛盾。

（五）全球合作与文化多样性的促进

1. 全球性问题的解决

全球化时代伴随着一系列全球性问题，例如气候变化、贫富差距等。跨文化教育为培养具有全球视野的人才提供了重要支持。通过跨文化教育，人们更容易形成全球合作的意识，积极参与解决全球性问题，以促进国际社会的共同发展。

2. 文化多样性的保护与传承

跨文化教育有助于保护和传承各种文化传统。通过让学生深入了解不同文化的历史、语言、艺术等方面，不仅可以促使他们更加珍惜和尊重文化遗产，而且可以避免文化的消失和同质化。

3. 跨文化创新与发展

文化的碰撞和交流常常激发出创新与发展。通过跨文化教育，人们能够在不同文化的交流中汲取灵感，促进跨文化创新，推动科技、艺术、商业等领域的发展。

4. 文化间的互相启发

不同文化之间的对话和交流有助于文明的互相启发。通过了解不同文化的思维方式、价值观，人们还可以拓宽自己的认知边界，从而更好地应对日益复杂和多元的社会环境。

（六）全球化时代跨文化教育的挑战与应对

1. 语言障碍

语言是跨文化交流的关键因素，但不同语言之间的障碍仍然存在。为了克服语言障碍，需要加强语言教育，提供多元化的语言学习机会，推动全球语言的共同发展。

2. 文化偏见

文化偏见可能成为跨文化教育的阻碍。教育者需要倡导开放、包容的教育理念，引导学生超越刻板印象，真实了解和尊重不同文化。

3. 资源不均衡

在全球范围内，不同地区的教育资源分配存在不均衡问题。为了推动跨文化教育，需要加大对资源匮乏地区的支持，并且提供更多的教育机会，确保全球范围内的平等发展。

4. 文化冲突与教学法

不同文化的教学方法和教育理念可能存在差异，可能还会导致一些文化冲突。为了解决这一问题,需要在教育体系中融入多元文化教育理念,提倡以学生为中心、注重学生个体差异的教学方法。

在全球化的时代,跨文化教育不仅仅是一种教育理念,更是应对全球性挑战、促进文化多样性的关键工具。它对于个体的影响主要体现在培养跨文化意识、提高跨文化沟通能力、塑造全球视野等方面。在社会层面,跨文化教育有助于促进文化交流与理解、推动国际合作与发展、强化国际文化软实力等方面。然而,全球化时代也带来了一系列挑战,如语言障碍、文化偏见、资源不均衡等,需要教育者、政策制定者和社会共同努力,采取有效措施应对这些挑战,来确保跨文化教育能够更好地发挥其在全球化背景下的重要意义。

二、全球化对教育的挑战与机遇

（一）概述

全球化是当今世界最为显著的特征之一,对经济、文化、社会等领域都产生了深远的影响。在全球化的浪潮中,教育作为塑造未来人才、推动社会发展的关键力量,既面临着诸多挑战,也迎来了前所未有的机遇。本文将深入探讨全球化对教育带来的挑战与机遇,分析其影响和未来发展趋势。

（二）全球化对教育的挑战

1. 文化冲突与多元文化教育

挑战:全球化使得不同文化之间的接触日益频繁,文化冲突成为一个突出的问题。教育系统在面对多元文化的挑战时,需要平衡不同文化的需求,以避免文化歧视,促进文化的共存和共融。

应对策略:引入多元文化教育,通过教学内容、教材和教学方法,培养学生对不同文化的理解和尊重。教师的跨文化培训也显得尤为重要,以更好地适应和引导学生在多元文化环境中学习。

2. 语言障碍与跨文化沟通

挑战:不同语言之间的沟通障碍成为全球化时代的一大难题。语言多样性给教育带来了挑战,特别是在跨文化交流、国际合作等方面,语言障碍还可能成为制约因素。

应对策略:推动多语教育,鼓励学生掌握多种语言。同时,还需要引入先进的语言技术和在线翻译工具,促进跨文化沟通。教育机构可以设立语言交流平台,来提供学生实践语言技能的机会。

3. 教育资源不均衡

挑战：全球化并非在各地区都能够平等受益，一些地区仍面临着严重的教育资源不均衡问题。贫困地区可能缺乏基础设施、教育经费等，而导致学生无法获得良好的教育。

应对策略：国际社会需要加大对发展中国家教育事业的支持，通过援助、合作项目等方式，改善教育资源不足的状况。同时，还要推动数字化教育，通过互联网技术弥补资源差距，让更多人受益。

4. 就业市场的全球竞争

挑战：随着全球化的发展，学生将面临更加激烈的国际就业竞争。传统的教育模式可能无法满足全球化时代对于跨学科、创新能力、国际视野等方面的需求。

应对策略：教育机构应调整课程设置，强化学生的跨学科能力，注重培养创新思维和解决问题的能力。加强职业规划与实习机会，使学生更好地适应全球就业市场的需求。

（三）全球化对教育的机遇

1. 跨国合作与知识共享

机遇：全球化为教育带来了更广阔的合作空间。教育机构可以通过国际合作项目，共享教育资源、经验和最佳实践。跨国合作有助于提升教育水平，推动知识的跨境流动。

应对策略：教育机构应积极寻求国际合作伙伴，推动教育资源的跨国流动。利用信息技术，打破地理限制，实现在线学术交流与合作，促进知识的全球共享。

2. 多元文化教育与全球视野

机遇：全球化使得学生更容易接触到多元文化的信息和经验，培养了他们更广阔的全球视野。多元文化教育有助于培养学生的开放心态，提高他们在国际舞台上的竞争力。

应对策略：教育机构应加强多元文化教育，通过课程设置、文化交流活动等方式，让学生更深入地了解和体验不同文化，培养他们的国际化素养。

3. 教育创新与数字化技术

机遇：全球化推动了教育领域的创新。数字化技术的发展为教学提供了更多可能性，全球化时代的教育创新也迎来了前所未有的机遇。以下是具体的应对策略。

第一，加强国际合作与交流：教育机构可以积极寻求国际合作伙伴，建立跨国联盟，共享教育资源、经验和最佳实践。这有助于提升教育水平，促进知识的跨境流动。

第二，拓展多元文化教育：强化多元文化教育，通过引入多样性的教材、组织跨文化交流活动,培养学生对不同文化的理解和尊重。这有助于培养开放心态、提高国际竞争力。

第三,促进教育资源共享:利用数字化技术,打破地理限制,建设在线教育平台,实现教育资源的全球共享。这可以提高发展中国家的教育水平,有助于缩小全球教育资源的不均衡。

第四,强化跨学科能力培养:调整课程设置,注重跨学科的教学内容,培养学生解决问题、创新思维和团队协作的能力。这有助于适应全球就业市场对复合型人才的需求。

第五,推动在线教育与远程学习:利用数字化技术,推动在线教育的发展,为学生提供更灵活的学习方式。这有助于克服地理距离,让更多学生受益于全球优质教育资源。

第六,加强职业规划与实习机会:教育机构应当与企业合作,以提供更多的实习机会,强化学生的职业规划意识。这有助于使学生更好地适应全球就业市场的需求。

第七,注重教师跨文化培训:为教师提供跨文化培训,使其具备更好的国际视野和跨文化教育能力。这有助于教育者更好地引导学生来适应全球化时代的教育环境。

第八,推动国际学术交流:鼓励学者参与国际学术交流,推动学术研究的国际合作。这有助于促进知识的跨国流动,又助于推动全球学术进步。

全球化对教育带来了前所未有的挑战与机遇。面对挑战,教育机构需要灵活调整教育模式,注重多元文化教育、跨学科能力培养、语言技能提升等方面。同时,可以利用数字化技术,推动在线教育的发展,实现教育资源的全球共享。这为教育提供了更广阔的合作空间,还强化了国际交流与合作的重要性。

在应对全球化带来的机遇时,教育机构应积极拓展国际合作,加强知识共享,推动教育创新。多元文化教育、全球视野的培养、跨学科能力的强化,将使学生更好地适应全球化时代的发展需求。通过共同努力,全球各国可以共同分享全球化带来的教育机遇,为培养具有国际竞争力的人才做出积极贡献。

三、跨文化教育理论应对全球化的策略

(一)概述

全球化的推进使得跨文化教育理论日益受到重视。跨文化教育旨在培养学生具备跨文化意识、跨文化沟通能力和国际视野,以更好地适应全球化时代的挑战和机遇。本文将深入探讨跨文化教育理论在应对全球化的背景下的策略,包括理论基础、教学实践、学生培养等方面的具体措施。

(二)跨文化教育理论基础

1. 文化维度理论

文化维度理论(Cultural Dimensions Theory)是由荷兰社会心理学家吉尔·霍夫斯特(Geert Hofstede)提出的,通过对不同文化中的价值观、行为模式等方面的研究,将文化分为个体主义与集体主义、不确定性规避、权力距离、男性与女性角色等维度。在全球化背景下,理解不同文化的维度有助于教育者更好地设计跨文化教学内容,使学生能够适应不同文化环境。

2. 社会认知理论

社会认知理论着重强调学习是一种社会过程,个体可以通过与他人的互动、观察和模仿来获取知识。在跨文化教育中,社会认知理论强调学生通过与来自不同文化背景的同学互动,共同探索、理解和应对文化差异,从而能够提高跨文化沟通能力。

3. 文化学习理论

文化学习理论认为文化是通过参与文化社群中的日常实践而习得的。在全球化时代,通过参与文化学习,学生可以更深入地了解不同文化,通过实践性的学习方式培养跨文化能力,逐渐形成对于多元文化的认同。

(三)跨文化教育理论的应对策略

1. 教学内容的多元化

策略:在设计教学内容时,引入多元文化的材料和案例,涵盖不同国家、地区的历史、文化、社会制度等方面。通过多元化的教学内容,学生能够更全面地了解世界各地的差异和共通之处。

理论支持:文化学习理论强调通过参与文化社群的实践学习,多元化的教学内容提供了更广泛的文化社群参与机会,能够促使学生在实践中深入理解和体验文化。

2. 跨文化交流与合作

策略:鼓励学生参与跨文化交流项目,与来自不同文化背景的同学合作完成任务。这可以通过国际交流项目、在线合作平台等方式实现。通过实际的交流合作,学生能够更深刻地体验文化差异,提升跨文化沟通能力。

理论支持:社会认知理论认为学习是一种社会过程,跨文化交流与合作提供了学生与他人互动、观察和模仿的机会,来促使他们通过实践来学习跨文化能力。

3.反思性学习

策略：引入反思性学习的机制，要求学生在跨文化学习的过程中进行反思。可以通过写作、小组讨论、个体反思报告等形式，让学生深入思考自己对其他文化的认知和态度的变化，并提出改进和发展的建议。

理论支持：反思性学习是社会认知理论的体现，通过反思，学生可以更好地理解自己在跨文化学习中的认知过程，形成更为深刻和持久的学习效果。

4.在线跨文化教育平台

策略：可以利用数字化技术建设在线跨文化教育平台，提供全球范围内的跨文化学习资源和课程。这样的平台可以为学生提供更灵活的学习方式，打破地理限制，让学生能够随时随地进行跨文化学习。

理论支持：在线跨文化教育平台符合社会认知理论中学习是一种社会过程的观点，通过平台上的社交互动、合作项目等，学生能够更好地进行跨文化学习。

（四）学生培养的具体举措

1.跨文化能力评估

举措：设计跨文化能力评估工具，对学生的跨文化能力进行定期评估。评估可以包括学生的跨文化沟通能力、文化适应力、国际团队协作能力等方面。通过这些评估，教育者可以更全面地了解学生的跨文化发展情况，为个性化的培养提供依据。

理论支持：跨文化能力评估符合社会认知理论的观点，通过评估学生在实际社交和合作中的表现，能够更好地反映其跨文化学习的实际水平。

2.跨文化导师制度

举措：实施跨文化导师制度，为学生提供专业的跨文化导师指导。导师可以帮助学生理解和适应不同文化环境，还可以指导他们在跨文化交流中更好地发挥作用。

理论支持：跨文化导师制度融合了社会认知理论中学习是一种社会过程的理念，通过学生与导师的互动，促使学生更好地适应和理解不同文化。

3.跨文化实习项目

举措：设计跨文化实习项目，让学生有机会在不同国家或地区的工作环境中实践。这可以通过与企业、非政府组织等合作，为学生提供了跨文化实践的机会。

理论支持：跨文化实习项目契合文化学习理论，通过实际的文化实践，学生能够更深入地了解和体验不同文化，培养跨文化适应力。

4.多语言培养计划

举措：开展多语言培养计划，鼓励学生掌握多种语言。这可以通过开设多语言课程、提供语言学习资源、设立语言学习社区等方式实现。

理论支持：多语言培养计划符合文化学习理论，通过语言的学习，学生更容易融入不同文化，理解和尊重其他文化。

（五）持续评估与调整

实施跨文化教育理论的策略需要不断进行评估与调整。教育者应当根据学生的实际表现、评估结果和社会反馈，需要及时调整跨文化教育的内容和方式。通过持续评估，可以更好地了解学生在跨文化学习中的需求和问题，进而提升教育效果。

跨文化教育理论作为应对全球化的重要战略，为培养具备跨文化意识和能力的人才提供了理论基础和实践指导。通过多元化的教学内容、跨文化交流与合作、在线跨文化教育平台等策略的实施，可以更好地满足学生在全球化时代的跨文化学习需求。在学生培养方面，跨文化能力评估、跨文化导师制度、跨文化实习项目和多语言培养计划等举措可以有效促进学生的全面发展。不断的评估与调整是确保跨文化教育策略有效性的关键，使教育者能够根据实际情况及时做出调整，以提升跨文化教育的实际效果。通过全球合作和不断的改进，跨文化教育将更好地为学生的全球竞争力和全球视野的培养做出积极贡献。

第五节　跨文化教育理论的争议与发展趋势

一、跨文化教育理论的争议焦点

（一）概述

跨文化教育理论在推动学生具备跨文化意识和能力方面发挥着重要作用，然而，这一领域也存在一系列争议。这些争议涉及到理论的基础、实践的有效性以及文化多样性的处理等方面。本文将深入探讨跨文化教育理论的争议焦点，主要分析背后的原因，并提出不同观点的论证。

（二）文化相对主义和文化普世主义

1. 文化相对主义

文化相对主义认为文化是主观建构的，不同文化之间的价值观、行为模式无法用一套普遍的标准来衡量。文化相对主义者强调每个文化都应该被尊重，没有一种文化比其他文化更为优越。在跨文化教育中，文化相对主义倾向于强调个体对自身文化的认同，主张在教育中避免进行文化的评价和比较。

2. 文化普世主义

文化普世主义则认为存在一些普适的道德标准和行为规范，可以超越文化差异。文化普世主义者认为在跨文化教育中，应该强调共同的人权、道德价值观，并倡导一种全球性的文化认同。他们主张培养学生具备一定的文化普世素养，以更好地适应全球化时代的需求。

3. 争议焦点

文化相对主义的担忧：文化相对主义的批评者认为，过于强调文化的相对性可能导致对一些文化中存在的问题视而不见，甚至为一些不人道的行为提供辩护。在教育中过分强调相对主义可能导致对一些基本的道德准则的忽视。

文化普世主义的指责：文化普世主义者被指责过于强调西方文化的优越性，将自身的价值观强加于其他文化。这种做法可能会导致文化霸权主义，削弱了文化多样性的重要性，甚至可能会引发文化冲突。

（三）实践效果的评估

1. 困难的评估标准

在跨文化教育理论的实践中，评估学生是否真正具备了跨文化意识和能力是一个复杂的问题。目前的评估标准通常是基于观察、问卷调查和学术表现等多个方面，然而，这些标准很难全面客观地衡量学生的跨文化发展水平。

2. 实践效果的不确定性

有研究表明，一些跨文化教育项目的实践效果并不尽如人意。部分学生在经过跨文化教育后，并没有表现出明显的跨文化适应力提升。这还引发了一些质疑，认为跨文化教育是否真的能够在短期内显著改变个体的文化认知和行为。

3. 争议焦点

实践效果的主观性：通过一些批评者指出，跨文化教育的实践效果很大程度上依赖于学生个体的主观感受，缺乏客观的评估标准。这使得实践效果容易受到个体差异、主观偏见等因素的影响。

长期效果的不确定性：一些研究指出，跨文化教育的长期效果难以确定，因为学生在教育过程中可能会面临新的文化挑战，而短期内的变化未必能够持久。

（四）文化多样性的处理

1. 多元文化主义和文化同一主义

（1）多元文化主义

多元文化主义强调不同文化的平等和共存，主张尊重和保护各种文化的权益。在跨文化教育中，多元文化主义注重教学内容的多样性，以及在学校和社会中反映和尊重不同文化的多元化措施。

（2）文化同一主义

文化同一主义则更强调一种普世的文化认同，认为文化的多样性会带来分裂和冲突。在教育中，文化同一主义可能更强调一种共同的国家或全球性的文化认同，还强调共同的价值观和行为规范。

2. 争议焦点

文化多样性与社会凝聚力的矛盾：在处理文化多样性时，既要强调尊重各种文化，又要维护社会的凝聚力。多元文化主义者认为，通过尊重不同文化，社会能够更加和谐，每个个体都能在自己的文化背景中找到认同感。然而，文化同一主义者担心过多的文化多样性可能会导致社会分裂，提倡一种共同的文化认同以维护社会的一体性。

文化多样性与教育内容的选择：在跨文化教育中，选择哪些文化进行强调和呈现也是一个争议焦点。多元文化主义强调各种文化平等，但在实际教学中如何平衡各种文化的呈现仍然是一个挑战。同时，文化同一主义者可能更倾向于强调特定的文化认同，引发了对于是否有所偏袒的争议。

（五）社会政治背景下的跨文化教育

1. 政治正确和文化自由

（1）政治正确

政治正确强调在社会和教育中使用言论和行为时要避免冒犯和歧视。在跨文化教育中，政治正确的原则可能导致对于一些文化特征的回避，以防止引起社会上的争议和不满。

（2）文化自由

文化自由主张在言论和行为上保持开放，允许多元文化的存在，并且不过分受到政治正确的束缚。文化自由的支持者却认为，过度的政治正确可能抑制真实的文化交流，甚至阻碍了对一些现实问题的讨论。

2. 争议焦点

言论自由与文化尊重的平衡：在处理言论自由和文化尊重时，如何在跨文化教育中找到平衡是一个争议焦点。一方面，强调政治正确可能会导致回避敏感话题，削弱了对于一些社会问题的深入讨论；另一方面，过分强调文化自由可能使得一些言论过于冒犯，伤害到特定文化群体。

教育内容的审查与开放：在政治正确的背景下，一些国家和教育机构可能对教育内容进行审查，以确保不出现冒犯性的言论和材料。然而，这种审查是否符合教育的开放性和多元性，成了一个争议的焦点。

跨文化教育理论的争议焦点涵盖了文化相对主义与文化普世主义、实践效果的评估、文化多样性的处理、社会政治背景下的跨文化教育等多个方面。这些争议反映了对于跨文化教育目标、方法和效果的不同看法。在解决这些争议时，需要综合考虑不同观点的合理性，并在具体实践中灵活运用不同的理论和方法。通过更深入的研究和实践，跨文化教育可以更好地促进文化理解、尊重和全球公民意识的培养，使学生能够更好地适应复杂多变的全球化社会。

二、新兴理论与跨文化教育未来发展趋势

（一）概述

跨文化教育作为应对全球化挑战的重要手段，不断演变和发展。新兴理论的涌现为跨文化教育提供了更为丰富的理论基础和实践支持。本文将探讨一些新兴理论，并分析未来跨文化教育可能会面临的发展趋势。

（二）社会认知神经科学与跨文化教育

1. 社会认知神经科学的概念

社会认知神经科学是一门跨学科的研究领域，结合了神经科学、心理学和社会学等多个学科，旨在揭示人类在社会互动中的神经机制。通过神经影像技术，研究者可以观察到大脑在社会情境中的活动，从而深入理解社交行为、文化差异对神经活动的影响等方面。

2. 社会认知神经科学与跨文化教育的连接

社会认知神经科学为跨文化教育提供了新的视角。通过研究不同文化背景下个体的

神经反应，可以更好地理解文化差异对于学习、沟通和决策等方面的影响。这有助于调整跨文化教育的策略，可以更加精准地培养学生的跨文化能力。

3. 未来发展趋势

个性化的跨文化教育方案：基于社会认知神经科学的研究，未来跨文化教育可能更加注重个体差异。通过分析学生的神经反应，教育者可以更精准地制定个性化的跨文化教育方案，来满足不同学生的需求。

虚拟现实技术的整合：结合虚拟现实技术，将学生置身于真实的跨文化情境中，观察其神经活动，有助于更深入地理解跨文化适应力的培养过程。这也为跨文化教育提供了更具互动性和体验感的教学手段。

（三）情感智能与跨文化教育

1. 情感智能的概念

情感智能强调个体对情感的识别、理解和运用。这一理论认为情感智能是继智力智能之后的另一种重要智能形式。情感智能涉及到情感的表达、情感与人际关系的管理以及对他人情感的理解等方面。

2. 情感智能与跨文化教育的连接

在跨文化教育中，情感智能发挥着关键作用。学生需要具备处理跨文化交流中产生的情感冲突、理解他人情感表达的能力。情感智能的培养有助于提升学生的社交技能，使他们可以更好地适应不同文化背景下的人际关系。

3. 未来发展趋势

情感智能在教学设计中的运用：教育者可以在跨文化教育的课程设计中融入情感智能的理念，通过情感教育培养学生的情感认知和表达能力，来增强他们处理跨文化情感挑战的能力。

情感智能的测评工具发展：未来可能出现更为精准的情感智能测评工具，用于评估学生在跨文化环境中的情感适应水平。这将为教育者提供更科学的数据支持，有助于制定有针对性的教学策略。

（四）反思性学习与跨文化教育

1. 反思性学习的概念

反思性学习强调学生通过对自己思考和行为的深入反思，能够提高对知识和经验的理解水平。这一理论认为,通过反思,学生能够更好地将理论知识与实际经验相结合,形成更为深刻的学习体验。

2. 反思性学习与跨文化教育的连接

在跨文化教育中,反思性学习有助于学生深入探讨自己在跨文化交流中的体验、感受和成长。通过反思,学生可以更全面地认识到自己的文化认知和行为方式,进而调整和改进,以提高跨文化适应力。

3. 未来发展趋势

跨文化实践中的反思性学习:将反思性学习引入跨文化实践项目中,鼓励学生在实际文化环境中进行深度反思。通过对实际跨文化经历的反思,让学生能够更好地理解自己的文化身份,认知到与他人的差异,并从中学到更多关于全球多样性的知识。

在线跨文化学习中的反思性工具:在线教育平台可以整合反思性工具,例如在线日志、虚拟小组讨论等,帮助学生记录和分享他们的跨文化学习体验。这将促进学生之间的交流和互动,形成一个共同学习的社区。

(五)跨文化创意学习与未来教育模式

1. 跨文化创意学习的概念

跨文化创意学习强调通过创造性的方式处理跨文化挑战。它不仅关注知识的传递,而且更注重学生在创新和解决问题过程中的跨文化体验。跨文化创意学习将创意思维与跨文化教育有机结合,以强调培养学生在跨文化环境中的创造性解决问题的能力。

2. 跨文化创意学习与跨文化教育的连接

跨文化创意学习不仅要求学生理解不同文化的背景,而且还要求他们能够运用创意思维,提出创新性的解决方案。这种学习方式有助于培养学生的创造性思维、团队协作和实际解决问题的能力,能够使其更好地适应多元化的全球社会。

3. 未来发展趋势

创意技能的强调:未来跨文化教育可能更加强调培养学生的创意技能,包括创造性思维、问题解决能力和创新性表达。这有助于学生更灵活地应对跨文化环境中的各种挑战。

跨学科合作的促进:跨文化创意学习通常会涉及多个学科领域的知识和技能,未来教育模式可能更加注重跨学科合作,使学生能够综合运用各种学科知识解决复杂的跨文化问题。

（六）技术创新与跨文化教育

1. 虚拟现实和增强现实

虚拟现实和增强现实技术为跨文化教育提供了全新的可能性。通过虚拟现实环境，学生可以仿真体验不同文化场景，还可以增强对跨文化情境的理解。增强现实技术也可以为学生提供实时的文化信息，能够帮助他们更好地适应新的文化环境。

2. 在线协作工具

在线协作工具如视频会议、共享文档等，使跨文化教育能够更便捷地进行。学生可以通过远程合作与来自不同文化背景的同学共同学习、解决问题，促进文化交流。这也使得跨国际团队的合作成为可能，培养学生的全球协作能力。

3. 未来发展趋势

个性化学习平台的发展：基于大数据和人工智能技术，未来可能出现更加个性化的跨文化学习平台。这些平台将会根据学生的兴趣、水平和学习风格，提供定制化的跨文化教育内容和任务。

虚拟文化交流的拓展：随着技术的发展，虚拟文化交流可能不再局限于模拟环境，还可以通过实时的虚拟互动，使学生能够与来自世界各地的人直接交流，促进真实的跨文化互动。

新兴理论为跨文化教育提供了更为丰富的理论基础，未来发展趋势表明了跨文化教育将更加注重个性化、创意性、技术支持等方面。面对挑战，我们需要不断优化教育模式，推动技术应用，提升文化敏感度，强化全球合作。通过这些努力，跨文化教育将更好地培养学生的全球意识、跨文化适应力和全球领导力，使他们更好地适应未来充满多元文化挑战的世界。

三、跨文化教育理论的拓展与深化方向

（一）概述

跨文化教育理论的拓展与深化是应对全球化背景下教育挑战的必然需求。随着全球交流日益密切，跨文化教育不仅需要应对多元文化的挑战，而且还需要更深入地理解和促进文化之间的相互理解与尊重。本文将探讨跨文化教育理论的拓展与深化方向，包括文化认知的心理学视角、社会认知的神经科学研究、全球性问题的整合以及科技与创新的融合。

（二）文化认知的心理学视角

1. 情感智能与文化适应

情感智能作为情感和认知的交互，对于跨文化适应至关重要。未来的跨文化教育理论可以更深入地探讨情感智能在文化适应中的作用，包括情感表达的差异、情感识别的训练以及情感管理的策略。通过强调情感智能，学生可以更好地处理跨文化交流中的情感挑战，提高与他人建立深层次连接的能力。

2. 跨文化学习的元认知

元认知是指对自己的学习过程进行监控和调控的能力。将元认知引入跨文化学习中，强调学生对自己跨文化认知和行为的监控与调整。这包括对文化认知的自我评估、对文化冲突的反思以及对自身文化偏见的认知。培养学生的元认知能力，有助于他们更主动地参与跨文化学习，提高学习效果。

3. 跨文化教育的心理安全

心理安全主要是指个体在学习和交流中感到被尊重、被接受和受到关心的状态。未来跨文化教育理论可以更加注重创造心理安全的学习环境，使学生可以在跨文化交流中敢于表达、敢于犯错误，并能从错误中学习。这需要教育者关注学生的心理需求，倡导包容和尊重的文化氛围。

（三）社会认知的神经科学研究

1. 社会认知的神经机制

社会认知神经科学研究探讨个体在社交互动中的神经机制，提供了一种新的理解方式。未来的跨文化教育理论可以更深入地挖掘社会认知神经机制在文化交流中的作用，包括文化差异对大脑活动的影响、文化因素在社会认知发展中的角色等。通过深入了解社会认知的神经基础，可以更科学地设计跨文化教育策略。

2. 跨文化教育与脑可塑性

脑可塑性是指大脑对于经验的适应和改变能力。跨文化教育理论可以更加关注文化体验对脑可塑性的影响。例如，学习新的语言、适应新的社交规范等文化体验可能引起大脑结构和功能的变化。通过深入研究脑可塑性，还可以更好地了解学生在跨文化学习中的个体差异，并为个性化教学提供依据。

3. 跨文化教育的认知神经科学方法

在跨文化教育中引入认知神经科学的方法，例如功能性磁共振成像、脑电图等，可以帮助研究者更直观地观察学生在跨文化任务中的脑活动。这有助于发现文化认知的神经基础，为设计有效的跨文化教育介入提供指导。

（四）跨文化教育与全球性问题的整合

1. 全球问题意识的培养

跨文化教育应当更加紧密地与全球性问题结合，可以培养学生对全球问题的认知和解决能力。这包括气候变化、贫富差距、全球卫生等全球性挑战。通过将这些问题融入跨文化教育的课程设计中，可以使学生更深刻地理解全球互联互通的现实，并培养他们为解决这些问题所需的国际合作能力。

2. 文化与可持续发展的交叉研究

将文化研究与可持续发展原则相结合，深入探讨文化对社会、经济和环境可持续性的影响。未来的跨文化教育理论更加注重培养学生在文化交流中关注可持续性的意识，使他们能够更好地理解文化与全球挑战之间的相互关系。通过将文化与可持续发展进行交叉研究，跨文化教育可以更全面地培养学生的全球视野，使他们成为能够应对全球性问题的领导者。

3. 国际团队合作与解决方案

跨文化教育理论的拓展应着眼于培养学生在国际团队合作中的能力，使其具备跨文化协作解决问题的技能。通过实际项目、模拟国际会议等方式，学生还可以在团队中共同探讨并提出解决方案，更好地理解文化差异对团队协作的影响，培养全球领导力。

（五）科技与创新的融合

1. 虚拟现实与文化沉浸

虚拟现实技术可以提供身临其境的文化体验，使学生能够更直观地感受不同文化的生活方式、价值观念等。通过虚拟现实的文化沉浸，学生可以在安全的环境中体验多元文化，增加他们对于文化差异的理解和尊重。

2. 在线协作工具的优化

跨文化教育需要充分利用在线协作工具，可以促进学生之间的跨文化交流。未来的发展方向包括优化在线协作工具的设计，提供多语言支持、文化背景可视化等功能，以更好地促进全球学习社区的形成。

3. 人工智能（AI）在文化学习中的应用

人工智能可以根据学生的学习风格和需求，提供个性化的跨文化学习建议。通过分析大量的文化学习数据，人工智能系统可以更好地理解学生的弱点和优势，并为其提供有针对性的文化培训。这将有助于提高学生的学习效果，还有助于加强其跨文化能力的培养。

（六）跨文化教育的未来展望

1. 教育者的角色转变

未来跨文化教育理论的拓展需要教育者从传统的知识传授者转变为文化导航者。教育者应致力于引导学生通过多样化的文化体验，培养他们的文化智慧和全球意识，使其能够在多元文化的环境中自信地交往和合作。

2. 学生的主动参与

未来的跨文化教育应该鼓励学生更主动地参与文化学习。通过提供丰富多彩的文化体验、鼓励跨文化实践项目以及提供自主学习的机会，学生可以更深度地融入文化学习的过程，培养自主学习的习惯和跨文化适应力。

3. 社会的全球化视野

跨文化教育应该在社会层面促使更广泛的全球化视野。通过与政府、企业等社会机构合作，推动跨文化教育的发展。这不仅有助于提高社会对跨文化教育的重视程度，而且也能够为学生提供更多实际机会，将跨文化学习与社会实践相结合。

4. 跨文化教育的可持续发展

未来的跨文化教育理论应该注重可持续发展。这包括确保教育资源的可持续利用、促进文化多样性的可持续保护以及培养学生对可持续发展的关注和参与。通过将可持续发展理念融入跨文化教育，可以更好地满足未来社会的需求。

跨文化教育理论的拓展与深化是应对全球化时代教育挑战的迫切需求。通过心理学视角、神经科学研究、全球性问题的整合以及科技与创新的融合，未来的跨文化教育将更加注重学生的情感智能、社会认知能力，更好地融入全球性问题的解决，同时也充分利用科技手段提升学生的学习体验。这将有助于培养具有全球视野、文化智慧和创新能力的未来领导者，推动社会向更加包容、多元、可持续的方向发展。

第二章 跨文化英语教学概述

第一节 跨文化英语教学中存在的问题及解决方法

随着经济的不断发展,我们越来越需要对外交流,所以跨文化交际能力成为时代的需要。跨文化交际能力是指根据不同文化背景的语言交际者的习惯,能够得体地、合适地使用语言的能力。作为国际性语言的英语越来越受到人们的重视,英语课的地位日渐突出。我国传统的英语教学强调传授语言知识,重视语法,生搬硬套,轻视语言的实际应用,忽视了语言的文化差异,造成词不达意的情形。造成这种英语表达能力低下的一个重要原因就是学习者脱离语言环境学习英语。因为语言环境总是与交际场合相联系,交际场合不可避免地与社会、文化相联系,所以将跨文化与交际场合相结合的英语教学是十分重要的。语言是文化的载体,也是文化的一种表现形式,不可能脱离文化单独存在。在英语教学中,教师要采用恰当的教学手段和教学策略,为学生创造目标语语言环境,将学生学到的词汇、语法知识放到具体的语言环境中去检验辨别,以提高学生跨文化的语用意识,帮助他们了解英语国家社会习俗、文化习惯,使得跨文化交际成为可能。

一、传统英语跨文化教学中存在的问题

（一）英语语言教学与文化背景分离

虽然近年来跨文化教学在英语教学中逐渐得到重视,但在英语教学中重视语言知识结构、生搬硬套、轻视文化因素的做法仍然存在,这种做法是造成跨文化交际的主要障碍。长期以来,英语课堂主要是以灌输英语知识为主,包括语音、词汇、语法,很少讲授英语文化背景知识。教师以讲解生硬的单词、句子为核心,就课文讲课文,只重视外在形式,不注重语言的内涵和跨文化交际能力,致使学生误认为英语学习就是背单词学语法,从而缺乏英语国家相关的文化知识,造成了跨文化交际障碍。

（二）形式枯燥，缺乏形象教学有效手段

目前大多数院校英语课堂教学的形式仍以教师讲授、学生听课为主，不能以学生为主体，教师加以指导，不能形成师生之间的互动。教师的主要教具仍是黑板和粉笔，很少应用多媒体，这种英语教学缺少更生动、直观的教学手段，使学生产生消极应对心理。为提高学生学习兴趣，语言的教学手段应是多维的、生动的、活泼的，这样才能在语言学习过程中增强文化交流意识，为跨文化交际做准备。

（三）学生实践能力不强，缺少亲身体验

在现代英语教学中，大部分的课堂时间用于讲授语言知识点，很少有课堂讨论等互动形式。一些课前小演讲也只是形式，学生之间很难做到互动交流。演示内容往往缺乏英语文化联系，学生很难感受到应用英语进行文化交流的乐趣。

二、跨文化英语教学的对策

（一）挖掘语言的文化潜力，培养学生英语文化意识

语言具有人文性，"语言也是文化总体中最核心的部分。语言的这种文化性质决定语言教学离不开文化教学，语言教学与文化教学可以而且应该结合起来"。语言教学其实和文化教学是相联系的，我们应挖掘语言教学中的文化潜力，着重培养学生的跨文化交际能力。语言是一个由语音、语法、词汇等构成的符号体系，这个体系是由符号与符号之间的关系（句法）、符号与其所指关系（语义）和符号与语言使用者之间的关系（语用）组成的。语言的文化功能就是通过语音、句法、语义和语用四个方面体现的。所以，在英语教学中，我们要充分利用语言层面实施跨文化教学。对于英语学习来讲，学生是学习的主体，跨文化英语教学要以学生为中心，使其通过英汉文化对比掌握西方文化，学习英语。例如，在语法教学中，通过汉英语语法、句式表达的差异，让学生了解英汉文化差异，西方民族更加注重形式逻辑，抽象思维，属于一元时间文化。

（二）加强跨文化教育意识，正确发挥教师作用

教师在语言教学、文化知识的传授和对学生进行文化意识的培养中，既不能过于夸大，又不能浅尝辄止，要把握好尺度。在教学中运用比较、讲解和观察等方法，引导学生理解东西方文化差异，增强英语文化意识，提高跨文化交际能力。教师在讲授听说读

写的同时，尽可能地把语言知识和文化知识结合起来，让学生多了解一些英语文化。教师应增强学生英语学习的主动性和积极性，尽可能多地创造一些条件使用英语进行交际，使学生全方位了解英语文化、亲身体验，从而提高跨文化交际的敏感性。如，直接和外教进行交流，开展文化讲座，需要定期进行不同主题的专项文化活动。文学、影视作品中蕴含丰富的文化背景知识，教师应多组织学生欣赏文学影视作品，从而提高跨文化意识。

（三）增强文化意识，改进教学方法

在教学内容上，教师应拓宽思路，可以根据学生的兴趣和跨文化教学的目的，选择教学内容。跨文化教学内容除了要具有针对性，还要新颖、多样、多元。在教学中，教师应摒弃死记硬背、盲目灌输的做法，要深入研究各种教学方法，将不同的方法灵活运用到教学中。例如，运用交际法，使用真实地道的语言材料，如新闻广播、广告等，把教学过程本身当作交际过程，通过各种途径围绕题材任务组织学生进行交际活动。再如，在教学中可以适当利用研究性学习法，有意识地开展一些英美文化背景知识方面的讨论活动，指导学生收集资料，然后就材料的内容自主地进行讲解与分析，向学生介绍相关文化知识背景，引导学生了解西方价值观念、风土人情，感受异域文化。

跨文化英语教育是适应时代发展需要的。语言和跨文化密不可分。在现代课堂中，我们应重视跨文化教育，转变思维方式，改进教学方法，要正确发挥教师作用，为学生创造良好的学习环境。采用多种教学手段，积极激发学生学习兴趣，从而达到良好的课堂教学效果。我们要在英语教学实践活动中把语言教学和文化教学有机结合起来。

第二节 大学英语跨文化教学的必要性

一、大学英语跨文化教学是当前中国社会经济发展的客观需求

毫无疑问，进入 21 世纪以来，我国的经济飞速发展，国际性的事务交流越来越频繁。我国的社会发展需要有一支庞大的、具备跨文化交际能力的人才队伍参与到国际贸易交流中来，解决越来越多的国际性事务，以此来更好地增强国际的交流与合作，使我们的跨文化交际得以顺畅进行。

当然，我们所需要的这种跨文化交际人才，不仅需要具备相当的语言沟通交流能力和优化知识结构组成的能力，而且还必须具备国际性的文化理念与思维，对于异域民族文化与传统、日常礼仪与交际原则等都有着一定的了解，也就是具备相当的跨文化交际的能力。跨文化交际能力是一种双向的沟通交流能力，它要求不仅要对目标交际对象的民族文化有着较为深入的理解与认识，对于本民族的文化知识与传统，而且也必须有着一定程度的理解掌握，这样才能够在跨文化交际过程中更好地实现双向的交流与互动。在跨文化交际过程中，要想能够得体顺畅地同外国人进行交流，仅仅具备流利的语言表达能力与较为丰富的交际对象的语言词汇是根本不够的，还必须对目标交际对象的历史文化习俗和价值观念等有着深入的理解与认识，这样才能够很好地避免在交际过程中因为文化的差异性而产生的误会与冲突。因此，为了能够培养出优秀的跨文化交际人才，使其在跨文化交际中具备强大的国际竞争力，更好地跟上时代前进的步伐，更好地满足我国飞速发展的政治、经济、科技以及文化对于跨文化交际人才的需求，我们的大学英语在教学过程中要有效地融入跨文化交际的教学内容，将跨文化交际教学提升到大学英语教学课程内容的一定高度，逐渐将大学英语教学中传统教学方法的听、说、读、写能力训练转移到对于跨文化交际能力的全面人才培养重点上来。培养出适应时代发展需求、具备跨文化交际综合素质与能力的国际性人才，是我们大学英语教学改革应该关注的重点内容。在大学英语跨文化教学过程中，除了对目的语言民族的文化给予相当的重视，还必须要对不同民族之间存在的文化差异性给予足够的关注，在文化教学的过程中同时关注民族文化的差异性，从多个角度、多个层面来增强学生对于不同民族文化的理解与认识，从而更好地拓展学生们现有的知识结构，帮助学生在英语学习的过程中更为有效地培养起跨文化交际的能力与素养，为我国的国际化人才竞争培养打下坚实的基础。

二、大学英语跨文化教学是促进大学生社会性发展的需求

每一个人都是社会的人，都具备一定的社会属性，同社会的发展紧密相关，在社会中扮演着一定的角色，并且承担应有的社会责任。因此，在个体的人与作为集体的社会之间就形成了一种彼此相互联系、相互依赖、共同发展的关系。每一个人都生活在一定的社会当中，要想在社会中生存并且谋得个人的发展，就得不断地进行学习，而学习又根本无法离开社会各个方面。基于此，我们的教师就有责任也有义务在教学过程当中引导学生通过学习来不断地认识社会各个层面的真实情况，对于那些与学生日常生活紧密

相关的社会现象,都应该适当地引导学生进行必要的理解与认识,这是增长学生人生经验与阅历的一种极为有效的途径,对于发展学生的自身认知能力,丰富他们的情感、知识以增强自我分析能力及对他人、对社会的认知,都有着极大的促进作用。在此基础上,教师能够更好地引导学生构建自己良好的行为习惯体系,从而培养自我良好的社会道德体系、人生观与价值观。对于大学生来说,大学教学是促成其社会性发展的有效助推力。当前的大学生面对的社会交往关系及现象更为纷繁复杂,多元化的社会交往决定了交往方式的多样化与复杂化。因此,通过跨文化交际教学来培养学生面对社会不同人群与不同语言群体时应有的交际能力,培养学生在人与人交际合作时的正确态度与意识,从学校与社会各个层面来帮助大学生提升自我的跨文化交际能力与素养,对于他们更好地认识这个世界、跟上社会与时代发展的步伐以及对于自我素质的发展都有着很好的作用。由此可见,我们倡导的大学英语跨文化教学同当前青少年培养的社会化目标是同步的,最终的目的就是帮助青少年学生树立正确的理想与信念,培养大家追求平等、尊重差异、相互合作的思想观念与意识。我们大学英语跨文化教学的目的也是为了能够培养当代大学生的文化知识素养和综合能力,将每一个学生潜在的能力与其自身所蕴含的聪明才智最大限度地挖掘并且发挥出来。无数的教学实例已经表明,在大学英语教学中实行跨文化交际教学不是一个空泛的概念或者仅限于理论层面的空谈,而且社会与时代的发展也为具有跨文化交际综合素养的人提供了越来越多的机会与平台。在大学英语教学中给予跨文化交际教学以更多的关注与重视,不断地从更深的层面来加强培养学生们对于不同的民族文化的认同感、包容性,树立起他们面对异域民族文化时应有的包容意识与精神,让他们懂得拥有不同文化背景的人与民族之间彼此应相互尊重、平等交流与合作,这是大学生们面向未来发展的一项较为基本的社会生存能力,是促进不同语言民族之间的文化交流与合作、发展,推动国际的交流与合作的一项基本能力与素质,是当代大学生社会性发展的必备生存能力之一,是更好地适应时代与社会发展步伐的要求。

三、大学英语跨文化教学是顺应高等教学国际化发展趋势的需要

面对全球一体化发展的趋势,提升高等教学国际化的主流意识,是当前世界性的高等院校办学得以进一步深化发展的新的理念基础。由此可见,在高等院校大学英语教学中实施跨文化教学,已经成为一个国际性高等院校发展的必然方向。跨文化教学在高等院校的有效实施,对于我们办学理念具备世界性的眼光、融入世界办学教学的洪流当中具有积极的推动作用。通过跨文化教学的实施,我们可以不断地吸纳先进教学理念与办

学模式,站在理性的角度分析我国的高等教学,并且能够以世界性的战略眼光来看待、分析全球性以及民族性的综合性问题,从而在理论与实践相结合的同时,找到本土办学同世界各国办学成功经验的融汇点,以此来更好地把握主流意识的发展,更好地进行创新,办出自我特色,来推动我国当前的大学教学。伴随着全球一体化发展的态势,办学也呈现出新的发展趋势,很多高等院校都在寻找共同合作办学的新机会,中外合作办学正在不断地发展中。在此过程中,无论是从办学的主体来说,还是从参与办学的客体来说,大家都共同面临着多元化的趋势,办学背景、办学对象也呈现了多元化的趋势,乃至于信息来源、思维方式、社会习俗等也呈现出多元化的特点。在这样的办学理念以及办学氛围中培养出来的人才由于多元化的作用,必然会受到多元文化思维影响而具备多元化的意识,这有利于学生形成开放、包容的文化思想。由此可以看出,对于中外合作办学这一新的办学模式中的跨文化教学进行深入的关注与研究,对于我们的大学英语跨文化教学是一件十分有意义的事情。

这是因为,第一,面对着全球一体化发展的大趋势,我国高等院校面对的不仅仅是国内市场带来的巨大挑战,在全球化的发展过程中已经被全球一体化潮流裹挟着融入了世界性的市场潮流中。具有跨文化交际能力的国际性人才已经成为全球范围内的一种需求,而不再只是某一个民族或者某一个时间段的需要了。毫无疑问,这必然对全球各个国家与民族的高等教学提出改革与发展的迫切要求,立足全球性的高度推动着各个国家高等院校进行发展与改革。第二,中外合作办学的教学模式是以双向互利、文化平等、交流融合、共同发展为基础与目标的新的办学教学模式。现在,跨文化教学已经被经济开放性国家首肯为进入国际性交流、融入国际发展态势中必要的战略性工具与手段。

面对着全球一体化发展的潮流与趋势,各个国家的商品、信息、服务乃至于人员的跨国界开放,有助于促使大学生成为全球一体化发展过程中增强国与国之间交流、理解、加强合作极为有效的方法。甚至可以说,现在的大学教学,已经成为一个国家提升综合国力的代表性标志。在当前这种多元化办学模式的作用下,各大高校都在通过多种方式方法,将派出与引入结合起来融入自己的办学教学模式当中,以更好地增强学校在世界性发展态势中的竞争软实力。越来越多的高等院校已经意识到,面向未来的大学人才应该是具有全球意识与国际交往以及跨文化交际能力的人才,这一人才培养目标必然可以促进大学英语跨文化教学的发展,使其走向更大的成功。

第三节　文化差异视域下的跨文化英语教学

文化差异是指因不同地区不同的文化背景、风土人情、风俗习惯等造成人们的语言习惯、思维方式、说话方式不同。随着我国经济发展步伐的加快及全球经济一体化趋势的加强，我国与世界各国的交流与合作也更加频繁。教育部最新颁布的《大学英语课程教学要求》中也明确把跨文化交际作为大学英语教学的重要目标之一，培养学生的实际英语应用能力，以便在今后的工作、学习中能有效地进行英语交际。

一、中西方文化差异的表现

（一）地理环境造成的文化差异

语言的产生与人们的生活环境密切相关。英国是一个岛国，河流、湖泊众多；而汉民族世代生活在亚洲大陆，人们的生活离不开土地。英语用 spend money like water 来比喻花钱浪费，而汉语用成语"挥金如土"来表达。英国自古以来航海业就很发达，因而在英语中有许多关于船和水的习语，如：同 keep One's head above water（奋力图存）、all at sea（不知所措）、in the same boat（处于危险境地）等，而在汉语中则没有与之完全相对应的成语。

尽管汉语和英语两种语言里存在许多相对应的词汇，我们也可以通过翻译来完成两种语言的语义转换，但由于完全不同的文化背景，这些相对应的词汇并不完全是对等的，尤其是它们各自所蕴含的文化意义不同。例如，汉语"西风"和英语 west wind，两个词语在词汇意义上是对应的，但是各自的文化意义却迥然不同。由于英国地处西半球，西风带来春天的气息，和汉语中"东风"的含义差不多。英国诗人雪莱的"西风颂"正是表达对西风带来春天的赞颂。汉语中"西风"呈现出的却完全是另外一幅景象：寒冬来临，破败凋敝，万物萧瑟。"古道西风瘦马，夕阳西下""昨夜西风凋碧树，独上高楼，望尽天涯路。"从这些古诗句中就不难体会出"西风"萧瑟破败的意境。

（二）价值观念方面的文化差异

西方价值观的基础是人文主义，强调个人价值。西方人崇拜个人主义，崇尚个人奋斗，即宣扬个人主义、个性发展与自我表现。而中国人讲究"天人合一"，价值观更强调集体利益。中国人宁可牺牲个人利益，也要克己守道，先人后己。

正是由于中西方这种价值观念的差异，导致了两种语言在某些词汇的褒贬含义上侧重不同。如：ambition 一词，汉语里这个单词意为"野心勃勃"，具有强烈的贬义色彩，而英语则表示"雄心壮志"，褒义色彩浓厚。又如 Aggressive 一词在英语中意为"进取上进，有开拓精神"，在汉语中则表示"好斗，挑衅"。

（三）风俗习惯方面的文化差异

中国人和西方人由于文化背景不同，所以对同一事物的理解有天壤之别。在中国，狗含有贬义的文化意义，因此"狐朋狗友""狼心狗肺""狗眼看人低"等说法在中国司空见惯，常被用作贬义词。相反，西方人对狗却有深厚的感情，他们喜欢狗的勇敢和忠诚，并对狗大加赞赏，因此，在英语中有很多关于狗的说法，把人比作狗也是一种褒扬。如 a lucky dog（幸运儿）；Love me，love my dog（爱屋及乌）；Every dog has his day（凡人皆有得意日）。英语用 sick as a dog 比喻人病得厉害，dog-tired 则表示累极了。

二、文化差异视域下实施跨文化教学的途径

跨文化教学是适应国际化发展而产生的大学英语教学新途径，也是一条由文化视角转入语言视角的大学英语教学新路子。目前，英语教育的主要障碍是不能很好地将培养学生跨文化应用能力与大学英语的教学紧密联系在一起。从文化差异的角度进行跨文化英语教学可以从以下几个方面入手。

（一）在语言教学中导入文化教学

跨文化教学可以应用文化对比的方法。根据跨文化教学的需要，教师按主题分类介绍了目的语国家的文化特点，以现有的大学英语教材为基础，教师可以在词汇、语用、语篇等各个方面进行文化对比，通过对比使学生更深刻理解中外文化及其差异，鼓励学生以开放的心态体验外国文化，以批判的态度审视外国文化。

跨文化教学应当兼顾语言知识和交际原则。既要考虑学生是否掌握了语言知识和技能，又要考虑他们是否掌握了跨文化交际原则。教师不仅要帮助学生充实语言知识和文化背景知识，同时还应帮学生分析跨文化交往的典型事例，这有助于学生在今后的工作、生活中进行跨文化交际活动。教师还可组织形式多样、内容丰富的课外实践活动，如鼓

励学生参加专题讲座，指导学生开办英语沙龙、辩论赛等，力求在跨文化交际实践中培养学生开阔的胸怀、开明的态度。

跨文化教学内容要与时俱进，将时代特点融入对语言知识的学习中。教师可适当增加国际时政、经济方面的文章，在帮助学生掌握语言知识的同时，也可以使其获得当代政治、经济知识，为其将来融入国际社会，进行跨文化交际奠定基础。

（二）应用主题式或任务式教学法，注重跨文化交际能力培养

1. 主题式教学法

简单来说，主题式教学法就是以教材为载体，主要是围绕一个主题展开教学活动。就跨文化教学而言，需要教师提取课文中的某一个文化主题并围绕这个主题进行教学活动。以《全新版大学英语视听阅读》为例，教师依教材设置的主题，对学生进行语言知识和语言技能训练，同时提炼出该单元相关的文化主题。在教学活动中，教师应积极转变角色，由课堂的操控者变为课堂的组织者和学生的引导者，创造条件帮助学生进行跨文化交际，把所学应用到实践。同时，教师也可以组织一些活动，比如演讲比赛，来巩固学习效果。

2. 任务式教学法

任务式教学法就是在教学活动中，教师围绕某一特定的交际和语言项目，设计出具体的、可操作的任务，学生都可以通过表达、沟通、交涉、解释、询问等各种语言活动形式来完成任务，以达到学习并掌握语言的目的。教师可以充分利用教材中设计的课前活动来开展任务式教学，如课前导入、背景知识、观看讨论。新课开始之前把任务布置给学生，让学生做好课前准备，课堂上教师精讲文章的难点部分，留下一定的时间让学生展示任务完成情况，通过多种形式如展示、讨论等完成任务，并在任务中融入本单元相关的文化主题。

同时，教师也可以安排学生在课前搜集与本单元相关的视频或者文字资料，提取出本单元相关的文化主题，并将所搜集的材料通过多媒体在课堂上展示给同学，然后组织同学分组进行讨论，这样既锻炼了学生的自主学习能力，又强化了学生对语言知识和文化知识的学习。

（三）科学选择教材，增加跨文化教育内容

进行跨文化英语教学行之有效的办法就是在现有大学英语教材的基础上，在语言教学中导入文化教学。《全新版大学英语视听阅读》这本教材就是一个很实用的脚本，就

非常适合在教学中把文化教学恰当地融入语言教学中从而达到跨文化教学目标。教材提供了丰富的视频材料，内容涵盖了科技、自然、生态、地理、天文知识等，生动有趣，易学易懂。这些视频材料不仅为学生提供了原汁原味的语言学习环境，而且更有助于其提高阅读理解能力和听力水平，并模仿地道的英语发音；更宝贵的是，视频内容为学生提供了一个浓厚的英语文化氛围，让他们身临其境地体验丰富多彩的异域文化和民俗民风，这种文化熏陶是单纯在课堂上传授语言知识所无法比拟的。

本节从文化差异角度，分析了跨文化英语教学中存在的主要问题，提出了在进行大学英语语言教学时，以注重文化差异为基础，培养学生进行跨文化交际的能力。在语言教学中导入文化教学，并运用主题式教学或任务式教学，科学选择教材，增加跨文化教育内容，以培养学生的跨文化交际能力。

第四节　英汉隐喻差异与跨文化英语教学

北京外国语大学胡文仲教授指出，学习一种语言，应该同时发展两种能力：语言能力和社会能力，即文化能力，这一理论已经为我国外语教学工作者所广泛接受。语言与文化是相互依存的。一方面，语言是文化的一个特殊组成部分，是传递文化的载体，是文化不可分割的部分；另一方面，语言又受文化的影响，学习、理解语言必须了解文化。

在语言中有一种十分普遍的语言现象叫隐喻，据拉科夫和约翰逊在《我们赖以生存的隐喻》中所述，英语中大约 70% 都来源于隐喻。隐喻以经验为基础，而经验的产生依赖于我们同周围物质和文化世界的互动。隐喻和文化密不可分。隐喻构成文化，而隐喻又是在文化环境中形成的。概言之，跨文化英语学习，分析研究隐喻是一个非常好的切入点。通过对比英汉隐喻可以促进跨文化的英语教学。

一、英汉隐喻差异及跨文化教学启示

英汉两种隐喻的形成，虽然有各自不同的文化背景和社会基础，但二者在运用方面还是有很多相似性。比如英语中 to strike while the iron is hot 与汉语的"趁热打铁"中的隐喻，都是用"铁要趁烧红的时候打"这一生活中的常识性事件来比喻做事要抓紧时机。再如：人造卫星（man-made satellite）、隔墙有耳（Walls have ears）等在汉英中的表述都非常一致。

英汉隐喻中存在着不少相似之处。但是，英语和汉语毕竟根植于东西方两块不同土壤中，有着截然不同的文化历史背景和价值观念，甚至在自然条件上的差异也是巨大的。因此，英汉隐喻中真正能保持高度一致性的只是少数，更多的则表现了出差异性。形成这些差异的原因是多种多样的，而文化上的差异是其中最重要的因素。

如在对动物的隐喻中，中西对同一种动物，它的联想意义很多情况下是不相同的，具有不同的文化内涵。如英语关于狗的隐喻通常是褒义的，例如 work like a dog（拼命工作）、a lucky dog（幸运的人）等。但汉语中狗的隐喻多是贬义的，如狗仗人势等。这种差异可以从中西两种文化对狗的认知方式的不同得到解释，在大多数西方人看来，狗是人类最忠实的朋友，是家庭的一员。

对同一意义的表达，各民族也会使用不同参照物作喻体。如对"牛"的隐喻。由于历史传统、地理环境、气候差异，东西方人对牛的观念存在着差别，这是因为中国文化起源于农本，西方文化起源于游牧。牛在中国人生活中的作用是非同一般的，牛为农之本，汉语中把老老实实、勤勤恳恳为人民服务的人尊称为"老黄牛"。而英语中 horse（马）才具有此种内涵，所以，要用英语表达"他真是条老黄牛"，应该是 He is really a Willing horse。

汉语和英语中有一小部分隐喻只是在字面形象上近似，但是实际上表达不同的隐喻意义，比如 Child's play 和"儿戏"。表面上看，二者一字不差，但它们并不是对应关系的隐喻。child's play 的意思是"非常容易做的事情，不太重要的事情"，而汉语的"儿戏"则用来比喻"对重要的工作或事情不负责、不认真"。类似的例子还有一些，例如：high-hat（自命不凡的人），不能望文生义地译为"高帽子（恭维的话）"。good sailer（不晕船的人）也不是汉语的"好舵手（善于指明前进方向的人）"的意思。

在英语中有些词语的文化内涵汉语中是没有的，例如：American Dream（美国梦）——美国标榜的人人自由和机会均等。这些隐喻都体现了自然环境的特征对语言文化的影响。汉语中的许多隐喻词语在英语中也没有，如算盘、花轿等是中国特有的文化形象，体现在汉语中的例子有很多，例如：铁算盘、抬轿子等这些词语极具中国独特文化内涵。

汉语中的成语故事是中国历史的一部分，每一个成语都有着深刻的含义。如出自《庄子·秋水》的成语"邯郸学步"，比喻生搬硬套，机械地模仿别人，不但学不到别人的长处，反而会把自己的优点和本领也丢掉；出自《左传·僖公二十二年》的成语"退避三舍"比喻不与人相争或主动让步。这些是中国历史文化的独特产物。

二、隐喻

隐喻在生活中无处不在，渗透到了人们生活的方方面面，它不仅展现了人们多姿多彩的生活，同时也揭示出不同国家、不同民族、不同语言之间思维方式的不同。对隐喻的研究，能在一定程度上弥补由于不同的文化背景和社会基础所造成的跨文化交流的鸿沟，促进跨文化的交流。笔者认为语言交际能力不仅仅取决于语言技能的水平，英语学习者的语言文化素质在英语语言交际中也占重要地位。因此在英语教学中教师可通过介绍隐喻，对比英汉隐喻的差异，加强对西方文化背景知识的介绍，使学生对文化的差异有更深的了解。这不但可以激发学生对英语的学习兴趣，提高英语教学的效率，而且也是正确理解、把握和运用英语的关键之所在。

第五节 微资源与大学英语跨文化教学

英语作为全球化的一门语言，在国际社会的政治、经济和文化等领域起了非常重要的作用。语言是文化的载体，语言和文化密不可分。英语教师应当把语言和文化两者结合起来进行跨文化教学，这正是当今外语界值得探究的重要问题。

联合国教科文组织在 1992 年首次明确提出跨文化教育的定义。它是指对具有某一文化的学习者群体进行关于其他文化的教育活动，从而使这些学习者能获取丰富全面的跨文化知识。同时，联合国教科文组织对跨文化教学提出了更高的要求，指出跨文化教学应重点关注跨文化知识传播、跨文化理解与交流，以及开放、尊重、宽容的跨文化态度的培养。但由于我国高校的跨文化教育一直受到传统教学模式的影响，侧重强调培养学生的语言能力，忽略了文化教学，没有将跨文化知识渗透到日常教学中，不利于培养学生的跨文化交际能力。

微课、微博、微信、微电影等各种微资源的出现促进了跨文化教学中教学理念、教学方法等的改革，有助于学生对多元文化的学习和交融，为大学英语跨文化教学塑造了动态环境。

一、微资源应用于英语跨文化教学的优势

所谓微资源是指一切具有微型特征的资源，如微博、微信、微课、微视频等，它是

从微观的角度入手，形成特有的传播、共享和反馈机制，从而实现各种微应用。随着高校英语教学中微资源的不断涌现，跨文化教学也迎来崭新的一页。将微资源应用于英语跨文化教学，有明显的优势。

（一）优化知识点，提供高质量教学内容

教师要制作出 20 分钟左右的微视频，必须优化和浓缩知识点，将知识点精华呈现在微视频中。同时还培养了教师加工、总结、升华自身知识内涵的能力。此外为了使学生能够在短时间内有效的学习，教师要将微资源应用于跨文化教学，通过视觉、听觉的感知，促进学生对跨文化知识信息的获得和感悟。

（二）丰富学习资源，有利于学生的可持续发展

在传统的跨文化教学中，教师是知识和信息的唯一传授者，也是学生获得文化知识的主要渠道。由于教师个人的专业功底、知识储备量和知识掌握程度等不同，可能会造成教学水平高低不同的现象。微资源的引入可以很好地打破这一局限。教师可以通过网络搜索跨文化知识相关的资料和视频等，将简短完整且丰富的教学内容呈现在学生面前。在课后，学生可以通过各种信息技术，对所学内容不断地进行巩固，加深对跨文化知识的理解。可见，采用微资源教学能够为学生提供丰富的学习资源，从而促进学生的可持续发展。

（三）培养求异思维，发展创新能力

众所周知，人的创造力主要取决于求异思维。从事跨文化教学的教师难以做到将所有学生的思维带到统一模式。而通过微资源平台的线上线下功能，让学生掌握中西文化差异是教师布置给学生们的重要任务。学生在完成过程中，求异思维和创造能力都得到了培养。他们通过积极思考问题和主动探索知识，最终将自己独特思维的成果展现在微资源平台中。

二、微资源与跨文化教学的有效契合

（一）创设情境触及兴趣点

兴趣是学生自主学习、积极思考、发展创新的强大动力。在跨文化教学中，应当创

造性的理解和把握教材，利用微资源，适时将文字、图片、视频和动画等信息进行加工处理，通过微课、微电影等恰当地加以呈现。同时介绍相关的文化背景知识，提出学习目标，巧妙地创设问题情境，触及兴趣点，激发学生跨文化学习兴趣和欲望，保持旺盛的学习积极性。

（二）强化内容优化知识点

跨文化教学教材主题多样，内容丰富，但任何一门课程，任何一个单元，都会有教学重难点。如何让学生明确知识重难点，从而最好的掌握最精华的部分呢？教师们可以通过每节课制作一个微课短视频的方式，优化和浓缩知识点，将知识点精华呈现在微视频中。教师将自己的跨文化知识拆分成若干个小的知识点，再用简短精练的视频呈现出来。这些丰富的学习资源为学生自主学习提供了很好的平台。此外，为了使学生能够在短时间内有效的学习，教师可以将微资源应用于跨文化教学，通过视觉、听觉的感知，促进学生对跨文化知识信息的获得和感悟。

如，讲解《Intercultural Barrie》一文，主要是跨文化障碍方面的内容。如果教师照本宣科逐字逐句翻译文章，既枯燥无味，又无法增强学生的跨文化水平。如果能通过微课短视频的展示，将文章中出现的主要的跨文化障碍通过图片等形式展现出来，既能够强化重要的学习内容，又能优化知识点的精华部分。此外，如果还能通过微资源将中西方的主要文化差异和文化障碍用英文归纳出来，既能提高学生的英文水平，又能引导学生如何学习和面对异国文化，如何借鉴外来文化来提升本国文化。

（三）线上线下加强互动点

将微资源引入到跨文化教学，师生可以充分利用网络的线上和线下功能，实时地进行跨文化知识点的交流和探讨。教师可以线上线下随时对学生的跨文化学习情况进行跟踪，有效地督促学生的学习，提高跨文化教学的有效性。此外学生还可以通过各种微资源，随时随地进行学习，培养自主学习能力。

如讲解《Culture and Word Meaning》一文，可以让学生在课前准备中西方词汇在不同场合的含义，然后发布到微信公众平台与大家共享，从而达到很好的预习效果。比如与dog有关词的含义及文化内涵，Every dog has its day.（人人都有走运的一天）；a lucky dog（一位幸运儿）；Love me, love my dog.（爱屋及乌）等。在课堂上，教师可以将比较经典的文化及词义进行讲解和深化。课后师生通过微信平台进行线上交流和讨论，加强师生互动性。

综上所述，微课、微信、微电影等各种微资源对促进大学英语跨文化教学有诸多好处，它已成为学生熟悉的微活动。将各种微资源有效融入英语跨文化教学中，能够创造一个动态的教与学的环境，实现现实课堂与虚拟课堂的交互，发挥学生的主体性作用，培养学生的自主学习和终身学习能力，从而提高学生的文化素养和跨文化交际水平。微资源应用于跨文化教学，其创新之处就是将信息技术辅助教学与网络平台技术结合，弥补了以教师讲授为主的传统教学模式的不足。跨文化知识的教与学在一定程度上不受时间与地点的限制，形成"动态"的教学模式。同时还能够培养学生养成个性化的学习习惯，提升自主学习的能力，使得微语言、微阅读成为常态，微交流成为更直接的互动方式。教师通过微资源平台进行跨文化教学，引导学生积极思考中西文化差异，并且愿意接受和理解文化的多样性，培养学生用正确的态度和信念去看待世界各民族文化。此外，可以引导学生正确理解中西文化差异。教师的跨文化教学应当侧重告诉学生如何对待和借鉴外来文化，通过跨文化知识的学习，让我们更多地了解世界文化，同时也让其他国家的人民更多地了解中国文化。

第三章　高校英语跨文化教育整合与创新

第一节　跨文化教育在高校英语教学中的地位

一、语言与文化的密切关系

（一）概述

语言和文化是人类社会中两个密不可分的要素，它们相互交织、相互影响，共同构建着人类社会的多样性和丰富性。语言是文化的一种表达形式，而文化则在语言中找到了传承和表达的载体。本文将深入探讨语言与文化之间的紧密关系，分析语言如何反映文化，以及文化如何塑造语言。

（二）语言的文化反映

1. 词汇和表达方式

每一种语言都包含着独特的词汇和表达方式，这些词汇和表达方式反映了特定文化中对于事物、观念和情感不同的理解和看法。

2. 礼仪和用语规范

不同文化中存在着不同的礼仪和用语规范，这直接影响到语言的使用方式。在一些文化中，使用敬语是尊重长辈的表现，而在另一些文化中，可能更注重平等和直接的交流方式。

3. 谚语和成语

每个文化都有其独特的谚语和成语，而这些短小精悍的语言形式传达着深刻的文化智慧。

4.言语的社交功能

语言在社交中不仅仅是信息传递的工具，更是文化认同的表达。使用相同的方言或口音可以成为一种群体认同的象征，可以反映出共同的文化背景和身份认同。

（三）文化的语言塑造

1.世界观的反映

文化中的世界观、价值观直接影响语言的表达方式。一些文化强调集体主义，语言中可能更多地使用"我们""大家"，而另一些文化偏向个体主义，语言中更突出"我""自己"。

2.礼仪和尊卑关系

文化决定了礼仪和尊卑关系的模式，这直接体现在语言中。在一些文化中，对长辈的称呼和交往方式受到严格规范，而在另一些文化中则更注重平等和自由。

3.时间观念

不同文化对时间的看法也在语言中有所反映。一些文化注重准时，对时间有着较为严格的概念，而其他文化可能更注重灵活性和事件的发展过程。

4.对自然和环境的态度

文化塑造了人们对自然和环境的态度，这在语言中得以表现。一些文化中的诗歌和成语可能强调人与自然的和谐，而另一些文化中可能更强调人类对自然的掌控。

（四）语言与文化的互动

1.语言的传承和演变

语言作为文化的一部分，传承了文化的基因。随着文化的发展，语言也在不断演变。新的社会现象、科技发展、文化变革都会在语言中找到表达。

2.文学和艺术的创作

文学和艺术作为文化的高级表达形式，通过语言来传达深层次的文化内涵。作家和艺术家通过语言的选择和表达方式，展现出他们所处文化的独特特点。

3.跨文化交流的挑战和机遇

在全球化时代，跨文化交流变得更加频繁，语言成了不同文化间沟通的桥梁。这种跨文化交流既面临着挑战，也提供了机遇。语言的差异可能导致误解和沟通障碍，但同时也激发了文化之间的相互学习和启发。

4. 语言政策和规范

在一些国家和社群中，语言政策和规范直接塑造了文化认同。对于某种语言的推崇或者限制，都会对文化传承和发展产生深远影响。

5. 文化创新和语言创造

文化的创新往往伴随着新的语言表达方式的出现。社会变革、科技进步和文化演变都可能催生出新的词汇、短语和语法结构，从而丰富语言的表达能力。

（五）语言多样性的保护与挑战

1. 语言多样性的重要性

语言多样性是人类文化的丰富体现，每一种语言都是独特的文化表达方式。保护和尊重不同语言有助于维护文化多样性，促进不同社群之间的平等交流。

2. 语言灭绝的挑战

在全球化过程中，一些小语种面临着被较大语种取代的风险，导致语言灭绝。这不仅损失了语言本身，还丧失了其中蕴含的独特文化信息。

3. 语言维权和复兴

一些社群开始意识到语言对于文化传承的重要性，推动语言维权和复兴运动。通过加强语言教育、提倡语言使用，努力保护和传承濒危语言。

（六）跨文化教育与语言学习

1. 语言学习的文化背景

语言学习不仅仅是单纯的词汇和语法的学习，更是对文化背景的理解和融入。学习一门语言往往需要了解其所属文化的价值观、礼仪规范等。

2. 跨文化交流的能力培养

语言学习的目标之一是培养跨文化交流的能力。学习一门语言能帮助个体更好地理解不同文化之间的差异，增进跨文化沟通的敏感性。

3. 语言学习与文化认同

语言学习过程中，个体不仅仅是在学习一种交流工具，更是在构建自己的文化认同。掌握一门语言更能使个体融入该语言所代表的文化圈。

语言与文化的密切关系在人类社会中扮演着重要的角色。语言既是文化的表达工具，反映着文化中的价值观、世界观和社会规范，又是文化的传承媒介，承载着丰富的文化信息。文化通过语言的方式深刻地影响着人们的思维方式、行为规范和社会交往方式。同时，语言也是文化的创造者和创新者，通过语言的不断演变，文化得以不断更新和丰富。

在跨文化交流中，语言成为桥梁，促进了不同文化之间的相互理解与学习。然而，全球化也带来了语言多样性的挑战，一些小语种面临被较大语种替代的危险，语言灭绝的问题凸显。因此，保护语言多样性，尊重和传承各种语言文化，成为维护人类文化多元性的途径。

在教育领域，跨文化教育和语言学习成为培养全球公民的重要途径。通过深入学习语言，个体能够更好地理解和融入其他文化，培养跨文化交流的能力。同时，语言学习也是文化认同的过程，帮助个体建立自己的文化身份。

总体而言，语言和文化相辅相成，相互塑造。理解和尊重不同语言和文化，有助于促进全球文化的繁荣和多元共存。在未来，人们应当更加努力地保护语言多样性，促进跨文化交流，实现不同文化的平等对话，共同推动人类社会的进步。

二、跨文化教育对英语习得的促进

（一）概述

随着全球化的发展，跨文化交流变得愈加频繁，而英语作为国际交流的主要工具之一，其学习和应用在跨文化教育中显得尤为重要。本文将深入探讨跨文化教育对英语习得的促进作用，分析跨文化教育如何拓展英语学习者的视野，提高语言运用能力，并促使更深层次的文化理解。

（二）跨文化教育的概念

跨文化教育是一种教育理念，旨在帮助个体理解、尊重和适应不同文化背景的学习环境。它强调培养学生的跨文化能力，使其能够更好地在多元文化的社会中生活、工作和交往。在英语学习中，跨文化教育不仅仅关注语言知识的传递，更注重背后文化背景的理解和融入。

（三）跨文化教育与英语学习的互动

1. 语言和文化的不可分割性

语言是文化的一部分，反之亦然。跨文化教育强调文化和语言的紧密联系，通过文化的传授和体验，帮助学习者更好地理解和运用英语。

2. 文化对语言学习的影响

在不同文化背景下，人们对语言的使用和理解存在差异。通过跨文化教育，学习者能够更深入地了解英语中蕴含的文化内涵，避免误解和文化冲突。

3. 文化体验与语言实践

跨文化教育注重通过文化体验来提高语言实践能力。学习者可以通过参与文化活动，与不同文化背景的人交流，提高英语口语和交际技能。

（四）跨文化教育对英语学习的具体促进作用

1. 拓宽视野与语言应用

跨文化教育为学习者提供了接触多元文化的机会，拓宽了他们的国际视野。这样的体验不仅帮助学习者更好地理解英语在全球范围内的使用情境，还提高了他们运用英语进行国际交流的信心和能力。

2. 文化对语言的塑造

通过深入了解英语国家的文化，学习者能够更好地理解英语中一些独特的表达方式、习惯用语和幽默语言。这有助于学习者更自然地运用英语，避免生硬的翻译和语言错误。

3. 跨文化沟通技能的培养

跨文化教育培养了学习者在不同文化环境中进行有效沟通的技能。这包括了解非语言交流、尊重他人文化差异、避免文化冲突等方面的能力，这些技能对于提高英语交流的质量至关重要。

4. 提高听说读写的综合能力

通过与来自不同文化背景的学习者合作，学习者可以接触到更多口音、语速、表达方式的变化，从而提高了听力和口语能力。同时，通过阅读和理解不同文化的文本，也促进了阅读和写作能力的提升。

5. 文化情感的融入

跨文化教育使学习者更深刻地体验到英语国家的文化情感，包括文学、音乐、艺术等方面。这种情感的融入有助于学习者更全面、真实地理解和运用英语，使语言学习更具深度和情感色彩。

（五）跨文化教育的实践方法

1. 语言交换与文化分享

组织语言交换活动，让学习者与母语为英语的人士进行交流，分享各自的文化习惯和生活方式。这种互惠性的语言学习方式有助于拓宽学习者的文化视野。

2. 跨文化合作项目

在学校或机构推动跨文化合作项目，鼓励学习者与来自其他国家的学生一起参与实际项目。通过团队合作，学习者不仅提高了英语水平，还锻炼了跨文化沟通与合作的能力。

3. 文化体验活动

组织学习者参与文化体验活动，如参观博物馆、文化展览、戏剧表演等。这些活动能够使学习者更直观地感受到英语国家的文化，增强对外国文化的感知和理解。

4. 跨文化交流项目

推动学校或机构与英语国家的学校建立合作关系，开展跨文化交流项目。通过学生互访、在线合作等方式，使学习者有机会与以英语为母语的学生直接接触，进行实际的语言交流和文化交流。

（六）挑战与应对

1. 语言障碍

学习者可能面临不同口音、语速的挑战，这可能导致理解困难。应对方法包括多听多说，尝试不同口音的英语，逐渐适应并提高听力水平。

2. 文化差异

学习者可能因文化差异而感到困惑或不适应。引导学习者主动了解并尊重不同文化，增强跨文化适应力，培养接纳多元文化的心态。

3. 语言焦虑

学习者在跨文化环境下可能会感到语言焦虑，影响语言的表达和沟通。鼓励学习者树立自信心，勇敢表达，通过实践逐渐克服语言焦虑。

跨文化教育对英语学习者的促进作用是显而易见的。通过深入的文化体验和交流，学习者不仅能够提高英语语言能力，更能够培养跨文化交际能力、拓展国际视野、增强文化理解力。跨文化教育不仅是提高英语学习效果的途径，更是培养全球公民所需的重要手段。

未来，跨文化教育在英语学习中将继续发挥着重要作用。教育者和学习者可以通过更创新的方法，如虚拟交流平台、在线合作项目等，更全面地实现跨文化教育的目标。同时，社会各界也应加大对跨文化教育的支持和投入，共同促进英语学习者在全球范围内的跨文化发展与合作。跨文化教育的推动不仅仅促进语言习得，更有助于建设一个更加和谐、多元的全球社会。

三、语言教学中的跨文化交际能力

（一）概述

在全球化的今天，语言教学不能只关注语法和词汇的传授，更应注重培养学习者的跨文化交际能力。跨文化交际能力不仅是一种语言技能，更是一种对多元文化的理解和尊重。本文将深入探讨在语言教学中如何有针对性地培养学习者的跨文化交际能力，并提高其在全球化环境下的语言运用水平。

（二）跨文化交际能力的定义与重要性

1. 跨文化交际能力的定义

跨文化交际能力是指在不同文化环境中，通过语言和非语言的交流方式，能够理解、尊重、适应并有效地与他人沟通的能力。这种能力包括对文化差异的敏感性、对多样文化的包容性，以及在语言运用中的适应性。

2. 跨文化交际能力的重要性

促进全球交流：在全球化的背景下，人们经常需要与不同文化背景的人交往。具备跨文化交际能力的个体更容易适应多元文化的环境，促进全球交流和合作。

减少文化冲突：跨文化交际能力有助于减少因文化差异而引起的误解和冲突。通过了解和尊重不同文化的习惯和价值观，可以避免不必要的摩擦。

提高语言运用效果：跨文化交际能力不仅关注语言表达，还关注语境、非语言沟通等方面。这使得语言运用更为丰富、准确，提高了交际的效果。

（三）跨文化教学的基本原则

1. 尊重和理解文化差异

在跨文化教学中，教师应鼓励学习者尊重和理解不同文化的差异。这包括但不限于语言、风俗、宗教等方面的差异。教师可以通过案例分析、文化体验等方式，引导学生深入了解多元文化。

2. 提倡跨文化沟通

跨文化交际强调的是有效的跨文化沟通。在教学中，应该注重培养学生的表达能力，并注重非语言交际的培养，如肢体语言、面部表情等。教师可以设计角色扮演、小组讨论等活动，让学生在模拟的跨文化情境中提升沟通技能。

3. 创设真实语境

为了提高学生的跨文化交际能力，教学应尽可能创设真实的语境。可以通过引入真实案例、与外国学生远程合作等方式，使学生在真实的情境中运用语言，更好地适应多元文化环境。

（四）语言教学中的跨文化交际策略

1. 引入地道语言材料

在教学中引入地道的语言材料，包括电影、音乐、文学作品等，帮助学生更好地了解语言背后的文化内涵。通过讨论这些材料，学生能够更深刻地理解语言和文化的关系。

2. 跨文化交际项目

设计跨文化交际项目，让学生与其他国家的学生进行合作。通过这种合作，学生可以更直接地接触不同的文化，提高他们的文化适应能力和合作能力。

3. 文化比较分析

在语言教学中，引入文化比较分析的策略有助于学生更深入地理解不同文化之间的异同。教师可以选择一些特定的语言现象或语言习惯，让学生比较不同文化中的表达方式，从而促进他们对文化差异的认识。

4. 文化体验活动

组织学生参与文化体验活动，如参观当地的文化机构、参与传统节日庆祝等。这样的活动可以使学生亲身感受并融入目标文化，促进跨文化交际能力的培养。

5. 角色扮演

通过角色扮演活动，学生可以模拟在跨文化情境中的交际场景。这样的活动不仅锻炼了学生的语言表达能力，还使他们更加敏感于不同文化背景下的交际需求，提高了跨文化交际的实际应用能力。

（五）评估跨文化交际能力

1. 多维度评估

为了全面评估学生的跨文化交际能力，评估工具应该涵盖多个维度，如包括语言表达能力、文化意识、沟通技能等。通过多维度的评估，可以更全面地了解学生的综合水平。

2. 项目评估

采用项目评估的方式，让学生参与真实的跨文化交际项目，并根据他们在项目中的表现来评估其跨文化的交际能力。这样的评估更贴近实际应用，也更具有可操作性。

3. 自我评估和同伴评估

鼓励学生进行自我评估和同伴评估，让他们从不同的角度去审视自己和他人的跨文化交际能力。这样的评估方式有助于培养学生对于自身能力的认知和反思能力。

（六）克服挑战的策略

1. 文化敏感培训

为教师和学生提供文化敏感培训，使其能更好地理解和适应多元文化环境。培训内容可以包括跨文化交际的基本原则、文化差异的案例分析等。

2. 提供资源支持

提供跨文化交际所需的资源支持，包括地道的语言材料、跨文化交际项目的支持等。这样可以为学生提供更好的学习条件，激发他们的学习兴趣。

3. 跨学科合作

在语言教学中引入跨学科合作，将跨文化交际与其他学科相结合。这样的合作可以为学生提供更广泛的视野，促进跨文化交际能力的全面发展。

跨文化交际能力的培养在语言教学中具有重要的意义。通过有针对性的策略和方法，可以有效提高学生的文化意识、语言表达能力和跨文化适应能力。在全球化的时代，培养具备跨文化交际能力的语言学习者，不仅有助于他们更好地融入多元文化社会，还为他们未来的职业发展提供了有力支持。在未来的语言教学中，应继续注重跨文化交际能力的培养，以适应日益多元化和国际化的社会环境。

第二节　高校英语课程中的跨文化元素融合

一、跨文化教育与高校英语课程的融合

（一）概述

随着全球化的推进，跨文化教育在高校英语课程中的融合变得愈发重要。跨文化教育旨在培养学生对不同文化的理解、尊重和适应能力，而高校英语课程作为培养学生语言能力的主要平台，其与跨文化教育的结合对学生综合素养的提升具有深远的意义。本文将探讨跨文化教育与高校英语课程的融合策略、意义以及可能面临的挑战。

（二）跨文化教育与高校英语课程的联系

1. 跨文化教育的核心理念

跨文化教育强调对不同文化的尊重、理解和适应，旨在培养学生在跨文化环境中进行有效交流的能力。这与高校英语课程的目标相契合，后者不仅仅注重语法和词汇的传授，还关注学生在实际语境中的语言运用能力。

2. 语言与文化的不可分割性

语言是文化的一部分，两者相辅相成。高校英语课程的目标之一就是使学生不仅能掌握英语语言技能，还能理解其背后的文化内涵。跨文化教育为实现这一目标提供了理论支持和实践路径。

（三）跨文化教育与高校英语课程的融合策略

1. 设计跨文化内容

在高校英语课程中融入跨文化的教学内容，包括文化差异的解释、国家间的交流习惯、社交礼仪等。这有助于学生更全面地理解英语在不同文化背景下的使用情境。

2. 引入跨文化案例

通过引入真实的跨文化案例，让学生在语境中理解并解决跨文化交际中可能出现的问题。案例分析可以激发学生的思考能力，提高他们解决实际问题的能力。

3. 跨文化交流项目

设计跨文化交流项目，让学生与来自其他国家的学生进行合作。通过这样的项目，学生不仅可以提高英语水平，还能够直接体验不同文化的交流，增强跨文化交际能力。

4. 创设模拟情境

在课堂上创设模拟跨文化交际的情境，让学生在模拟环境中进行语言实践。这种方式既可以提高学生的语言运用能力，也可以让他们更好地适应跨文化交际带来的挑战。

（四）跨文化教育与高校英语课程的意义

1. 提升语言实际运用能力

融入跨文化教育内容可以帮助学生更好地理解英语在实际交际中的运用。通过了解不同文化的语境，学生能够更灵活、更自如地运用英语，提升实际沟通能力。

2. 促进国际视野的拓展

跨文化教育有助于拓展学生的国际视野，使其能够更全面地理解全球范围内的文化多样性。这对于培养具有国际竞争力的人才具有重要意义。

3. 提高文化敏感度

通过接触和学习不同文化，使学生的文化敏感度得到提升。这有助于他们在跨文化环境中更为敏锐地感知和理解文化差异，减少文化冲突的可能性。

4. 培养终身学习能力

跨文化教育培养了学生的终身学习能力，使他们具备更强的自主学习和适应新环境的能力。这种能力在日后的职业生涯中至关重要。

（五）面临的挑战及解决策略

1. 语言水平差异

学生在语言水平上存在差异，有些可能对跨文化内容的理解和表达能力有限。教师可以通过设置不同难度的任务，提供额外的支持，满足不同学生的需求。

2. 课程时间压力

高校英语课程通常时间紧张，如何在有限的时间内融入跨文化的教育内容是一个挑战。解决策略可以是优化课程结构，将跨文化教育内容合理地嵌入到已有的教学计划中，通过有选择性地强调一些重要的跨文化主题，确保在有限时间内达到教育目标。

3.学生对跨文化教育的接受度

有些学生可能对跨文化教育缺乏兴趣或认为这与他们的语言学习目标不符。教师可以通过设计生动有趣的教学活动，引导学生发现跨文化教育与英语学习的密切关联，增加他们的接受度。

4.教师培训与支持

教师在跨文化教育方面的专业知识和教学经验可能存在差异，需要进行培训以提升他们的跨文化教育水平。学校可以提供相关的培训和支持措施，确保教师具备足够的能力和信心来有效地融入跨文化教育中。

跨文化教育与高校英语课程的融合是培养学生全球视野、提高学生综合素养的重要途径。通过设计合适的教学策略、内容和评估方式，可以更好地实现跨文化教育与英语课程的有机结合。在全球化背景下，高校应不断完善和拓展跨文化教育，使学生更好地适应多元文化社会，为其未来的学业和职业发展奠定坚实的基础。同时，教育机构、教师以及学生共同努力，共同推动跨文化教育在高校英语课程中的深入发展。

二、文化元素在英语教材中的嵌入

（一）概述

英语教育不仅仅是语法和词汇的学习，更是一种文化的传递。在全球化的今天，培养学生对英语国家文化的了解和尊重至关重要。因此，在英语教材中嵌入文化元素是提高学生语言综合能力、促进跨文化交流的重要手段。本文将探讨为何在英语教材中嵌入文化元素的必要性以及如何有效实施。

（二）为何嵌入文化元素？

1.跨文化理解

嵌入文化元素有助于培养学生的跨文化理解能力。通过了解英语国家的文化，学生能更深刻地理解语言使用的背后含义，提高他们在跨文化交际中的适应能力。

2.提高语言实际运用能力

文化元素的嵌入使学生能够更好地理解课文、文章的真实语境。这有助于提高他们的语言实际运用能力，使学习更贴近实际应用。

3. 促进学科融合

文化元素的嵌入有助于促进学科融合,使英语学习与历史、地理、艺术等学科相联系。这不仅能提升学生的综合素养,还有助于学生形成更为全面的学科认知。

(三)文化元素在英语教材中的具体嵌入方式

1. 文化主题单元

将文化元素以主题单元的形式融入教材,例如介绍英语国家的传统节日、风土人情等。通过主题单元,使学生能够系统地了解和学习相关文化知识。

2. 地道语言运用

教材中引入地道的语言运用,例如口语、俚语、习惯用语等,使学生能够更好地理解和运用英语语言中蕴含的文化内涵。

3. 文化背景解读

在教材中适时添加文化背景的解读,解释与文章或对话相关的文化现象,帮助学生更好地理解语言使用背后的文化含义。

4. 文学作品欣赏

引入一些优秀的英语文学作品,让学生通过阅读文学作品了解作者的文化背景、思想观念,拓展学生的文学视野。

5. 跨文化交际活动

设计一些跨文化交际活动,例如与英语国家的学生进行邮件交流、视频会议等,使学生在实际交际中更好地体验文化差异,提高他们的跨文化交际能力。

(四)实施中的挑战与应对策略

1. 教师专业水平不足

挑战:一些教师可能对英语国家文化了解不足,难以准确的嵌入文化元素。

应对策略:学校可以提供相关的培训课程,帮助教师提升对英语国家文化的理解和认知,鼓励教师主动学习和深入研究相关文化。

2. 学生学科负担重

挑战:学生学科负担重,可能对增加文化学科的学习感到厌烦。

应对策略:教学设计中要注意合理安排文化元素的融入,避免给学生增加过多负担。可以通过设计富有趣味性的文化学科内容,激发学生学习的兴趣。

3. 教材编写难度大

挑战：教材编写人员可能面临编写难度大的问题，如何平衡语言学习和文化元素的融入是一个挑战。

应对策略：在教材编写中要注重平衡，避免文化元素过多或过于复杂。可以邀请专业人士参与，确保文化元素的准确性和易理解性。

在英语教育中嵌入文化元素是培养学生全面发展的有效途径。通过巧妙设计教学内容、合理安排教学进度，可以使文化元素与语言学习相得益彰。使学生在学习英语的同时，能够更好地理解和尊重英语国家的文化，提高其综合素养和跨文化交际能力。在未来的英语教育中，应进一步完善文化元素的嵌入策略，使其更符合学生的认知特点和学科发展的需要，为培养具有国际视野的人才做出更大的贡献。

三、跨文化语境中的英语教学策略

（一）概述

随着全球化的不断发展，跨文化语境中的英语教学变得日益重要。在这个多元文化的环境中，学生需要具备更强的跨文化交际能力。本文将探讨在跨文化语境中的英语教学策略，旨在帮助教育者更好地满足学生的需求，促进有效的英语学习。

（二）跨文化语境的特点

1. 文化差异

在跨文化语境中，学生可能面临来自不同文化背景的同学，文化差异可能会导致语言使用和理解上的困难。

2. 语言习惯差异

不同文化对语言使用的习惯差异很大，例如礼貌用语、交际方式、语气等，都可能影响学生的交流效果。

3. 多样性

跨文化语境中的学生具有多样的学习需求和学科背景，需要差异化的教学方法来满足他们的需求。

（三）跨文化英语教学策略

1. 文化敏感教学

教师应该培养学生对不同文化的敏感性，让他们能够理解并尊重不同文化的差异。通过引入文化背景、文学作品、习惯用语等，帮助学生更好地融入跨文化环境。

2. 实际语境模拟

设计真实的语境模拟，让学生在课堂上体验跨文化交际的场景。这可以通过角色扮演、小组讨论等方式实现，帮助学生更好地适应实际语境。

3. 多媒体资源利用

利用多媒体资源，例如视频、音频、图片等，来展示不同文化的语言使用场景。这有助于学生通过视听感知文化差异，提高他们的文化意识。

4. 多元化教材选择

选择多元化的教材，涵盖不同文化背景的内容。这样的教材能够更好地满足学生的多样化需求，帮助他们更全面地了解英语的实际使用情境。

5. 跨文化交流项目

设计跨文化交流项目，让学生与其他文化背景的学生进行合作。通过共同完成任务，学生可以更深入地了解对方的文化，并提高跨文化交际的能力。

（四）教学策略的具体实施

1. 开展跨文化讨论

在课堂上组织跨文化讨论，让学生分享自己的文化背景、语言使用经验。这有助于拓宽学生的视野，增强他们的文化认知。

2. 创设虚拟语境

通过虚拟语境的创设，让学生在虚拟的环境中体验不同文化的语言使用情景。这可以通过在线平台、虚拟现实技术等方式实现。

3. 提供文化解读

在教学中及时提供文化解读，解释一些特定文化中的习惯用语、表达方式等。这有助于学生更好地理解语言的文化内涵。

4. 引导学生反思

鼓励学生对跨文化交际的经验进行反思，例如遇到的困难、取得的进步等。通过反思，学生可以更深入地理解自己在跨文化交际中的表现，并不断提升。

（五）面临的挑战与解决策略

1. 语言水平差异

挑战：学生在语言水平上存在差异，可能导致在跨文化交际中的沟通困难。

解决策略：采用灵活的教学方法，允许学生使用他们最擅长的语言进行表达，同时提供额外的语言支持，帮助学生提升语言水平。教师可以设计差异化的任务，以满足不同学生的语言需求，鼓励他们相互学习和坚持。

2. 文化差异带来的理解障碍

挑战：学生对不同文化的理解存在差异，可能导致交际时的误解和困扰。

解决策略：在教学中强调文化解读，帮助学生更好地理解不同文化的语言使用背后的含义。通过讨论和解释，促使学生对文化差异进行更深入的思考。

3. 教师跨文化教学能力不足

挑战：一些教师可能缺乏跨文化教学的经验和专业知识，难以有效地指导学生。

解决策略：提供专门的师资培训，帮助教师提升跨文化教学能力。学校可以邀请专业人士进行讲座，分享跨文化教学的实际经验和有效策略，同时鼓励教师参与国际性的教育交流活动。

4. 学生对跨文化教学的态度

挑战：学生可能对跨文化教学感到无趣或不重要，影响他们的学习积极性。

解决策略：设计有趣且实用的跨文化教学内容，引发学生的兴趣。通过展示跨文化交际的实际价值，让学生认识到跨文化能力对他们未来的学业和职业发展至关重要。

跨文化语境中的英语教学是培养学生全球视野、提高学生综合素养的关键环节。通过合理的教学策略，可以帮助学生更好地适应多元文化环境，提高他们的语言水平和跨文化交际能力。在未来的教学实践中，教育者需要不断总结经验，积极创新教学方法，以更好地满足学生的需求，培养具有国际竞争力的人才。跨文化英语教学的成功实施不仅需要教师的努力，还需要学校、家庭等多方面的支持，共同促进学生在跨文化语境中的全面发展。

第三节 跨文化对比与对话在英语教学中的应用

一、文化对比在语言教学中的价值

（一）概述

语言教学不仅仅是传授单一的语言知识，更是涉及特定文化背景下的交际方式、价值观念等。在全球化的今天，学习一门语言必然涉及多元文化的交汇。文化对比作为一种语言教学方法，通过比较学习语言的目标文化和学生的母语文化，旨在帮助学生更深入地理解语言使用背后的文化内涵。本文将探讨文化对比在语言教学中的价值，以及如何有效地运用文化对比方法。

（二）文化对比的定义与形式

1. 文化对比的定义

文化对比是指在语言教学中，通过对比学习语言的目标文化和学生的母语文化，以促进学生对语言文化的深刻理解。这包括比较语言的语法结构、词汇用法、交际方式、社会礼仪等方面的差异。

2. 文化对比的形式

文化对比可以以多种形式呈现，包括但不限于以下内容。

对比性讨论：学生在教学中通过对话和小组讨论，比较不同文化中的特定语言现象，分享彼此的文化观点。

文化对比作业：教师设计作业，要求学生在对比学习语言的同时，撰写关于文化差异的研究报告和感想。

跨文化交流项目：学生参与跨文化交流项目，与其他文化背景的学生合作，通过实际交流体验文化的差异。

（三）文化对比的价值

1. 拓宽学生的视野

文化对比能够帮助学生拓宽视野，使他们在学习语言的同时更全面地了解目标文化。通过对比，学生能够看到不同文化的语言使用方式和交际规范，提高他们对世界的认知。

2. 增强语言的实际运用能力

文化对比有助于学生更好地理解语言的实际运用，例如在特定社交场合的用语、表达感情的方式等。这提高了学生在实际交际中的适应能力，使语言学习更具实用性。

3. 培养跨文化交际能力

通过文化对比，能够培养学生跨文化交际的能力。使他们学会尊重和理解不同文化的差异，从而更好地与来自不同文化背景的人进行沟通和合作。

4. 提升语言学习的动机

文化对比能够激发学生学习语言的兴趣和动机。了解目标文化的背景、习惯，使学习变得更加有趣和有深度，从而提高学生的学习积极性。

（四）文化对比的实施策略

1. 整合文化内容

教师在教学中应该注重整合文化内容，将文化元素融入语言学习的各个方面，包括词汇、语法、口语表达等。这有助于学生更全面地理解语言的文化背景。

2. 设计文化对比任务

教师可以设计一系列的文化对比任务，要求学生比较不同文化中的语言现象。这可以是小组讨论、项目研究、对比性写作等形式，以促使学生深入思考文化的差异。

3. 创设真实语境

通过创设真实语境，让学生在实际交际中体验文化对比。可以通过角色扮演、模拟情景等方式，使学生更贴近实际语境，更好地理解文化的差异。

4. 引导学生自主学习

鼓励学生主动进行文化研究，通过阅读相关文献、观看文化视频等方式，深入了解目标文化。这样的自主学习能够增强学生的主动性和深度学习效果。

（五）面临的挑战与解决策略

1. 文化敏感性不足

挑战：学生在文化对比中可能因文化敏感性不足而产生误解和刻板印象。

解决策略：在教学中注重培养学生的文化敏感性，引导他们从尊重、理解的角度进行文化对比，避免偏见和刻板印象。

2. 学科知识不足

挑战：学生可能对目标文化的相关知识了解不足，影响文化对比的深度。

解决策略：教师应在课程中简要介绍目标文化的相关背景，鼓励学生主动学习，并提供相关资源，以便学生更全面地了解目标文化。

3. 语言水平不均

挑战：在进行文化对比时，学生的语言水平可能存在差异，影响对文化差异的理解。

解决策略：教师可以采用差异化教学策略，根据学生的语言水平差异，提供不同难度的文化对比任务。同时，鼓励学生相互学习，分享彼此的语言技能和文化知识。

4. 文化对比与语言学习目标的平衡

挑战：在教学中平衡文化对比和语言学习的目标，防止文化内容过度干扰语言学习进程。

解决策略：教师需要精心设计教学内容，确保文化对比任务与语言学习目标相互促进。在设计任务时，应注重任务的实用性，使学生在文化对比中不仅能学到文化知识，还能够提高语言运用能力。

文化对比在语言教学中具有重要的价值，通过帮助学生深入了解语言的文化背景，促进他们的跨文化交际能力和语言实际运用能力的提升。同时，教学中需要教师巧妙地平衡文化对比和语言学习目标，注重培养学生的文化敏感性，引导他们从尊重和理解的角度进行文化对比。在未来的语言教育实践中，教师需要不断探索有效的文化对比教学策略，以更好地满足学生的学习需求，培养具有跨文化意识的语言专业人才。

二、跨文化对话的教学方法

（一）概述

跨文化对话是当今全球化背景下语言教学的重要组成部分。教师需要通过有效的方法来教授学生如何在跨文化环境中进行交流，理解不同文化间的差异，以提高学生的跨文化交际能力。本文将探讨跨文化对话的教学方法，包括教学目标设定、教学内容选择、教学策略运用等方面的要点。

（二）教学目标设定

1. 培养跨文化敏感性

跨文化对话的首要目标是培养学生的跨文化敏感性。学生需要学会尊重和理解不同文化背景下的交际方式、价值观念、社会规范等，从而更好地融入多元化的社会环境。

2. 提高跨文化交际能力

教学还应提高学生在跨文化环境中进行有效沟通的能力。这包括语言表达能力、文化差异意识、解决跨文化交际障碍的能力等，使学生能够更自如地参与全球性的交流与合作。

3. 强化实际应用能力

教学目标还需强化学生对所学知识的实际应用能力。学生应能够将学到的跨文化对话技能应用于真实场景，通过实际交流提升自己的语言运用和跨文化交际技能。

（三）教学内容选择

1. 文化差异解析

教学内容的核心之一是对不同文化之间的差异进行解析。通过介绍不同文化的交际方式、礼仪规范、价值观念等，让学生了解跨文化对话的背景和面临的挑战。

2. 虚拟文化体验

借助多媒体资源、虚拟实境技术等，为学生创造虚拟的文化体验环境。通过模拟跨文化情境，让学生在课堂上体验真实的跨文化对话，提前适应跨文化交际带来的挑战。

3. 文化碰撞案例研究

选择一些实际的文化碰撞案例，进行深入研究。通过分析这些案例，让学生了解在跨文化对话中可能出现的问题，并提供解决问题的策略，帮助他们更好地应对类似的情境。

（四）教学策略运用

1. 角色扮演

角色扮演是培养学生实际应用能力的有效方式。教师可以设计不同文化背景的角色扮演任务，让学生在模拟场景中进行跨文化对话，锻炼其语言表达和交际技能。

2. 小组合作学习

通过小组合作学习，鼓励学生共同分析、讨论文化对话案例。小组内成员可以分享自己的文化视角，互相学习，促进集体智慧的形成。

3. 实地调研与采访

组织学生进行实地调研和采访，深入了解目标文化。通过亲身体验，学生可以更全面地了解文化差异，提高对跨文化对话的敏感性。

4. 跨文化对话日志

要求学生记录跨文化对话的日志，记录自己在对话中的体会、困惑和成长。通过写作，学生能够更深入地理解自己在跨文化对话中的表现，并逐步改善交际策略。

（五）面临的挑战与解决策略

1. 语言水平不均

挑战：学生的语言水平可能存在差异，影响他们参与跨文化对话的积极性。

解决策略：教师可以进行差异化教学，提供不同难度的对话任务，鼓励学生在舒适的语言环境中逐渐提高语言表达水平。

2. 文化敏感性培养困难

挑战：培养学生的文化敏感性需要时间和经验，可能会遇到一些困难。

解决策略：通过案例分析、小组讨论等方式，引导学生主动思考并分享文化观点，帮助他们逐渐培养跨文化敏感性。

3. 教师跨文化背景限制

挑战：教师自身的跨文化背景可能有限，难以深入了解和涉足多个文化领域。

解决策略：教师可以通过进修课程、参与跨文化培训、与其他教师合作等方式，不断丰富自己的跨文化经验，以更好地引导学生。同时，借助外部资源，邀请具有丰富跨文化经验的专业人士进行讲座和交流，为学生提供更多文化视角。

4. 跨文化对话的真实性问题

挑战：在教学中模拟的跨文化对话可能缺乏真实性，难以完全还原真实的跨文化交际场景。

解决策略：鼓励学生参与实地调研、采访，亲身体验目标文化，增加对话的真实性。同时，通过引入真实案例、视频素材等方式，让学生更贴近实际的跨文化对话情境。

跨文化对话的教学方法需要综合考虑学生的语言水平、文化敏感性以及教师的跨文化背景。通过设定明确的教学目标，选择丰富且实用的教学内容，灵活运用多种教学策略，可以有效提高学生的跨文化交际能力。教育者应时刻关注教学中面临的挑战，并不断创新教学手段，以更好地满足全球化时代学生的需求，培养具有跨文化意识和实际应用能力的语言专业人才。跨文化对话教学不仅是语言教学的一部分，更是推动不同文化间相互理解与合作的桥梁，对于培养具有全球视野的人才至关重要。

三、文化差异的教学案例分析

（一）概述

在全球化背景下，文化差异的理解和尊重变得愈发重要。跨文化教学旨在培养学生跨越文化差异进行有效交流的能力。本文将通过教学案例分析，探讨如何在教学中引入文化差异的话题，促使学生深入了解不同文化之间的差异，并提高其跨文化交际的能力。

（二）教学案例分析

1. 案例背景

教学目标：通过分析文化差异案例，培养学生跨文化敏感性、理解不同文化的能力，提高学生在跨文化环境中进行交际的技能。

学生背景：大学语言学习者，具备一定的目标语言水平，但对目标文化了解有限。

2. 案例选择

选择一个涉及到言语、礼仪、社交习惯等多方面文化差异的案例，例如中西方商务谈判中的礼仪差异。该案例能够引发学生对文化背景下交际的敏感性，拓宽他们的跨文化视野。

3. 案例分析与讨论

教师首先介绍中西方商务谈判的一些基本差异，例如会议开场白、交换名片、表达意见等方面的不同。然后，学生以小组形式展开讨论，分析这些差异可能带来的文化误解、沟通障碍以及解决方法。

4. 小组讨论

学生在小组内分享自己的文化视角，讨论在类似情境下应该如何更好地理解对方。教师可以设定一些问题，如"你觉得哪些礼仪差异可能引起误解？""你在类似场合中会如何表达自己的观点？"等，引导学生深入思考。

5. 实地实践

为了加深学生对文化差异的理解，教师可以组织实地实践活动，模拟中西方商务谈判场景。学生扮演不同角色，体验真实商务环境中可能出现的文化差异，进一步提高他们的跨文化交际能力。

（三）教学策略

1. 视频素材引入

教师教学前可以准备一些相关的视频素材，展示真实的商务谈判场景。通过观看视频，学生可以直观地感受到不同文化之间的差异，为后续的讨论和分析提供素材。

2. 多元教材使用

在案例分析中，教师可以引入多元化的教材，例如文化手册、专业文献、互联网资源等。这有助于学生获取更全面、深入的文化信息，为他们的讨论提供更多的参考材料。

3. 跨学科融合

教师可以将文化差异的教学融入其他学科中，如商务英语、国际贸易等。通过跨学科的融合，加深学生对文化差异的认识，培养他们更全面的跨文化素养。

4. 留学生经验分享

如果有留学生资源，可以邀请留学生们分享他们在异国他乡的经验。留学生可以从亲身经历中讲述文化差异带来的挑战和应对策略，为本地学生提供有价值的参考。

（四）教学效果评估

1. 书面报告

要求学生根据小组讨论的内容，撰写关于文化差异的书面报告。报告中应包括对案例的分析、个人观点以及对跨文化交际策略的反思。

2. 模拟商务谈判

组织学生进行一场模拟商务谈判，以考察他们在实际情境中应对文化差异的能力。通过观察学生的表现，评估他们的跨文化交际水平。

3. 小组展示

让每个小组向全班展示他们的讨论成果，分享彼此的观点和总结。通过小组展示，促使学生从团队协作中获得更深入的认识。

（五）面临的挑战与解决策略

1. 学生抵触心理

挑战：部分学生可能对文化差异产生抵触心理，认为自己的文化观念更为合理。

解决策略：通过启发式问题、引导性讨论等方式，逐渐化解学生的抵触心理。教师应强调文化多样性的重要性，倡导尊重和包容。

2.语言障碍

挑战：学生的语言水平可能有限，导致在讨论文化差异时出现语言障碍，影响交流效果。

解决策略：教师可以提前准备一些简洁明了的表达方式，帮助学生克服语言障碍。同时，鼓励学生在小组中共同协作，互相帮助。

3.缺乏实践经验

挑战：学生可能缺乏实际经验，难以理解文化差异对交际的影响。

解决策略：通过模拟商务谈判、实地实践等方式，让学生亲身体验，提高他们对文化差异的实际理解。教师还可以邀请具有实际经验的专业人士进行分享，为学生提供更多经验。

4.时间限制

挑战：在有限的课时内，难以深入讨论复杂的文化差异案例。

解决策略：教师可以在课堂中设定重点，选择一两个具有代表性的文化差异进行深入讨论。鼓励学生在课后继续研究，扩宽自己的文化视野。

通过以上教学案例分析，可以看出在教学中引入文化差异的话题对培养学生的跨文化敏感性、理解能力和交际技能具有重要作用。教师在设计教学方案时需灵活运用不同的教学策略，结合多元的教材，引导学生深入思考，提高他们的文化意识。在面临各种挑战时，教师需要通过创新的手段，引导学生克服困难，积极参与跨文化对话，从而为他们未来的国际交往提供更有力的支持。跨文化教育不仅是培养语言专业人才的一项重要任务，更是促使学生成为具有全球视野的综合型人才的关键一环。

第四节　高校英语跨文化教育的未来发展

一、全球化时代下的英语教学

（一）概述

随着全球化的不断发展，英语作为国际交流的主要语言之一，在全球范围内的重要性不断凸显。全球化时代的英语教学不仅要关注语言知识的传授，更需要培养学生的跨文化意识、国际合作精神以及应对多样化语境的语言运用能力。本文将探讨在全球化时代下英语教学所面临的挑战和机遇，以及如何有效地应对这些挑战并利用机遇。

（二）全球化时代的英语教学挑战

1. 文化多样性的挑战

随着全球交往的增加，学生所面临的文化多样性明显增加。教师需要关注不同学生的文化背景，避免将英语教学单一地局限于语法和词汇，而忽略了语境和文化对语言理解的深刻影响。

应对策略：教师可以通过引入多元文化教材、组织跨文化交流活动，促使学生更好地理解和尊重不同的文化，从而提高他们的跨文化交际能力。

2. 科技发展的挑战

随着科技的不断进步，信息技术的广泛应用改变了语言获取途径和交流的方式。学生更倾向于通过网络、社交媒体等渠道进行英语学习，这可能导致传统课堂教学方法的失效。

应对策略：教师应积极融入科技元素，设计线上学习资源，激发学生的学习兴趣。同时，通过网络平台拓展学生的语言实践空间，促进语言应用的多样性。

3. 语言运用的挑战

全球化时代，学生需要具备更灵活、实用的语言运用能力，而不仅仅是传统的书面语言表达。口语交流、实际应用成了英语教学亟需解决的问题。

应对策略：引入任务型教学法，通过实际情境和真实任务设计，让学生在语言运用中体验到实际交际的挑战，提高他们的口语表达和沟通能力。

（三）全球化时代的英语教学机遇

1. 国际合作的机遇

全球化为学生提供了更多参与国际合作的机会。通过国际化的课程设计和交流项目，学生可以更直接地参与到全球性的学术和文化交流中，从而提高他们的综合素养。

应对策略：学校可以积极推动与国外学校的交流项目，鼓励学生参与国际性竞赛和合作项目，拓宽他们的国际视野。

2. 多媒体技术的应用机遇

全球化时代的英语教学可以更广泛地运用多媒体技术，例如虚拟实境、在线学习平台等，提供更富有趣味性和互动性的学习体验。

应对策略：教师可以设计基于多媒体的教学资源，结合音视频材料、互动游戏等元素，激发学生的学习兴趣，增强他们的学习体验。

3. 全球性认证的机遇

全球化时代，学生需要更具全球竞争力的英语水平。国际性的英语语言考试和认证项目为学生提供了证明自己语言水平的机会，也成为他们未来升学和就业的重要资本。

应对策略：学校可以鼓励学生参与国际性的英语考试，提供相应的培训和辅导，帮助学生更好地应对全球化时代的语言挑战。

（四）有效应对全球化时代的英语教学策略

1. 制订灵活多样的教学计划

教师应根据学生的实际情况和需求，制订灵活多样的教学计划。通过多元化教材、跨学科教学，满足学生在语言、文化、实际运用等方面的多样需求。

2. 积极融入科技元素

充分利用现代科技手段，如在线学习平台、语言学习应用等，提供丰富的学习资源。通过多媒体技术，激发学生学习的兴趣，培养他们的自主学习能力。

3. 强化口语表达和实际运用

在教学中注重培养学生的口语表达和实际运用能力。引入任务型教学法，设计在真实情境下的交际任务，让学生在实践中学会灵活运用语言。组织口语角、模拟商务谈判等活动，激发学生的口头表达欲望，提高他们的口语交际水平。

4. 强调文化交流与理解

在教学中注重文化元素的融入，引导学生深入理解英语所处的文化背景。通过文学作品、影视片段等介绍不同国家和地区的文化，促使学生对多元文化保持开放心态，增强他们的跨文化交际能力。

5. 开展国际合作项目

鼓励学生参与国际合作项目，提供与海外学生交流的机会。组织国际论坛、在线合作项目等活动，帮助学生跨越语言和文化障碍，积累国际合作经验。

6. 提供综合性支持

学校应提供全方位的支持，例如英语角、语言实验室、在线辅导等资源，帮助学生更全面地发展英语能力。定期组织英语角、专业讲座等活动，提供交流平台和学科知识更新。

7. 促进全球英语认证

学校可以积极引导学生参加全球性的英语认证考试，提供相应的培训和辅导。帮助学生建立起符合国际标准的英语水平认证，提高他们的全球竞争力。

在全球化时代，英语教学不仅仅是语言知识的传递，更是培养学生适应多元文化环境且具备国际视野的关键一环。有效应对全球化时代的英语教学挑战，需要教育者从多个方面入手，创新教学方法、提升教学质量。通过全面拓展语言运用领域、注重文化交流与理解、积极融入科技元素等策略，可以更好地满足学生的需求，培养出具有全球竞争力的英语专业人才。同时，学校和教育机构应加强国际合作，推动全球性认证项目的发展，为学生提供更广阔的国际交流平台。通过这些努力，我们将能够更好地迎接全球化时代的挑战，培养更为优秀和适应性强的英语学习者。

二、跨文化教育与在线英语教学

（一）概述

随着全球化的发展，跨文化教育在教学领域变得愈发重要。在线英语教学作为一种灵活、便捷的学习方式，为跨文化教育提供了新的可能性。本文将探讨跨文化教育与在线英语教学的关系，分析在在线环境下跨文化教学的优势和挑战，并提出相应的策略和方法。

（二）跨文化教育与在线英语教学的关系

1. 跨文化教育的定义与重要性

跨文化教育是指在教育过程中强调不同文化间相互理解、尊重和交流的教育方式。其目标是培养学生具备跨越文化差异进行有效交流和合作的能力。在全球化的时代，跨文化教育对培养学生的国际视野、跨文化沟通能力至关重要。

2. 在线英语教学的定义与特点

在线英语教学是利用互联网技术进行英语语言学习和教学的方式。学生可以通过在线平台参与远程教学，利用各类数字化资源进行学习。在线英语教学的特点包括灵活性、自主性、互动性等，使学习者能够更加便捷地获取英语语言知识。

3. 在线英语教学与跨文化教育的融合

在线英语教学和跨文化教育的融合是一种有益的探索。通过在线平台，学生可以接触到来自不同文化背景的教育资源、教师和学习伙伴，促使他们更自然地融入到跨文化学习环境。同时，教师可以通过在线课堂设计丰富的跨文化内容，引导学生进行有针对性的跨文化交流。

（三）在线环境下跨文化教学的优势

1. 全球资源共享

在线英语教学打破了地域限制，使学生可以轻松获取来自世界各地的优质教育资源。通过在线平台，教师可以引入更多具有代表性的跨文化案例、文学作品、视频资源等，为学生提供更全面的跨文化学习体验。

2. 跨文化交流机会增加

在线英语教学提供了更多跨文化交流的机会。学生可以与来自不同国家和地区的同学进行实时互动，分享彼此的文化背景和语言体验。这种多样性的交流有助于拓宽学生的视野，提高他们的跨文化敏感性。

3. 灵活的学习方式

在线英语教学具有灵活性，学生可以根据自己的时间和地点选择合适的学习时机。这种灵活性使得学生更容易融入跨文化学习中，可以更自主地选择关注不同文化方面的内容，提高他们的主动性和学习积极性。

4. 多元化的教学方法

在在线英语教学中，教师可以采用多元化的教学方法，如虚拟实境、在线合作项目等。这些创新性的方法有助于激发学生的学习兴趣，使他们更深入地了解和体验不同文化，促使跨文化教学更具互动性和趣味性。

（四）在线环境下跨文化教学的挑战

1. 技术和设备限制

在线环境下，学生和教师需要具备一定的技术和设备使用能力。但一些地区可能面临网络连接不稳定、设备条件有限等问题，这可能限制了跨文化教学的顺利进行。解决这一挑战需要学校和机构提供必要的技术支持和培训，确保所有学生能够平等地参与在线学习。

2. 文化差异引发的误解

跨文化教学涉及学生来自不同文化背景，这可能导致学生之间或学生与教师之间的文化差异引发误解。在线环境下，由于缺乏面对面的交流，误解的发生可能更加隐蔽。因此，教师需要通过有效的沟通和引导，帮助学生理解和尊重不同的文化观念。

3. 语言障碍影响交流

在线环境下，语言障碍可能对跨文化交流造成一定影响。由于学生的语言水平和表达能力差异较大，可能导致某些学生沉默不语，难以积极参与。教师需要通过灵活的教学方法，鼓励学生用英语进行交流，并提供支持以解决语言障碍问题。

4. 文化教学资源的不均衡

由于不同地区文化教学资源的不均衡，一些学生可能无法充分接触到多元的文化内容。教师就需要通过积极的资源整合和设计，确保学生能够获取丰富的文化学习体验。同时，学校和机构可以通过合作与共享，推动全球文化教学资源的共享和平衡发展。

（五）应对策略与方法

1. 提供技术支持和培训

学校和机构应提供充足的技术支持和培训，确保学生和教师能够熟练地使用在线学习平台。这包括网络连接、设备使用、在线工具等方面的培训，以降低技术限制对跨文化教学的影响。

2. 引导有效沟通和互动

教师在课程设计中应注重引导学生进行有效的跨文化沟通和互动。通过组织在线讨论、小组合作项目等方式，激发学生表达自己观点的勇气，促使他们更深入地了解不同文化。

3. 设计丰富多样的文化内容

教师需要设计丰富多样的文化内容，包括文学作品、影视资源、文化活动等。通过引入生动有趣的文化元素，提高学生对文化学习的兴趣，使其更积极地参与跨文化教学。

4. 促进语言交流与表达

教师可以通过定期的口语练习、在线演讲等方式，锻炼学生的语言交流与表达。鼓励学生分享自己的文化经验，提高他们用英语进行跨文化交流的信心。

5. 促进全球合作与资源共享

学校可以积极与其他学校、机构展开全球合作，促进跨文化资源的共享。建立国际交流平台，为学生提供更多与世界各地学生互动的机会，拓宽他们的国际视野。

跨文化教育与在线英语教学的结合为学生提供了更广阔的学习空间,为培养他们全球视野和跨文化沟通能力提供了更多的机会。同时也面临着技术限制、文化差异引发的误解、语言障碍等挑战。通过提供技术支持、引导有效沟通、设计丰富多样的文化内容等策略,可以更好地应对这些挑战,确保在线环境下的跨文化教学更为成功。最终,促进全球合作与资源共享,推动全球文化教育的平衡发展,将有助于培养更具国际竞争力的英语学习者。

三、跨文化英语教学的创新与趋势

(一)概述

跨文化英语教学在全球化时代变得愈发重要,它不仅关注英语语言技能的培养,更强调学生在不同文化环境中的交际能力和文化适应能力。本文将探讨跨文化英语教学的创新与趋势,分析在不同社会和文化背景下如何更好地进行英语教学,以及如何培养具有国际视野的英语学习者。

(二)创新的跨文化英语教学方法

1. 虚拟实境技术的应用

虚拟实境技术为学生提供了身临其境的文化体验,通过模拟真实场景,学生可以更深入地了解不同文化的社会习惯、传统风俗等。在英语教学中,通过虚拟实境技术,学生可以参与到各种语言环境中,提高他们的语境感知和语言运用能力。

2. 线上全球协作项目

通过在线平台,教师可以组织全球协作项目,让学生与其他国家或地区的学生合作完成任务。这种形式不仅促进了学生之间的语言交流,还能培养学生的团队合作精神,使他们更好地适应国际化的工作和学习环境。

3. 社交媒体和网络资源的整合

利用社交媒体平台和网络资源,教师可以引入丰富的跨文化素材,如在线论坛、博客、社交媒体内容等。学生可以通过与他人交流、参与跨文化讨论,拓宽他们的文化视野,同时提高他们的语言表达能力。

4. 游戏化学习

引入游戏化元素,设计富有挑战性的语言游戏,使学生在娱乐中学习。这种创新方法能够激发学生的学习兴趣。通过角色扮演、游戏竞赛等方式,培养他们的语言应用和跨文化交际能力。

(三)跨文化英语教学的趋势

1. 多元文化教育的强调

未来跨文化英语教学将更加强调多元文化教育,注重学生对多元文化的理解和尊重。教师将不仅仅教授语言知识,还要引导学生探讨不同文化之间的联系和差异,培养他们的跨文化意识。

2. 个性化学习路径的设计

随着教育科技的发展,个性化学习路径将成为趋势。教师将更加关注学生的个体差异,通过智能化技术提供个性化的学习资源和任务,满足学生不同的学习需求,使跨文化英语教学更加高效。

3. 社会情感学习的融入

未来的跨文化英语教学将更加注重社会情感学习,培养学生的同理心和跨文化沟通的技能。通过让学生分享个人故事、参与社会项目等方式,促进他们更深入地融入目标文化,提高文化适应能力。

4. 反思式教学方法的应用

引入反思式教学方法,教师将鼓励学生在学习过程中不断反思,思考自己的文化偏见和观念。通过反思,学生能够更深刻地认识到自己在跨文化交流中的局限性,进而提高文化智商。

(四)跨文化英语教学的挑战与应对策略

1. 语言差异与语境问题

语言差异是跨文化英语教学中的一大挑战。教师需要提供真实的语境,让学生更好地理解词汇和语法的运用,同时鼓励学生在真实场景中运用英语进行交流,提高语言的实际运用能力。

2. 文化冲突与沟通障碍

不同文化之间的冲突和沟通障碍可能影响学生的学习体验。教师应引导学生正视文化冲突,通过开放式的讨论和解决方案,帮助学生理解并尊重不同文化的观念。

3. 教学资源不足问题

在一些地区,教学资源的不足可能制约跨文化英语教学的发展。学校和机构需要加强合作，推动教育资源的共享，同时引入先进的在线学习平台和技术手段，弥补资源不足的问题。

4.学生文化适应能力培养

培养学生的文化适应能力是跨文化英语教学中的一项关键任务。教师可以通过开展文化适应性培训、组织文化体验活动等方式，帮助学生更好地适应和理解目标文化。此外，还可以通过设立导师制度，为学生提供个性化的文化适应指导，加强学生在跨文化环境中的自我认知和调适能力。

跨文化英语教学的创新与趋势是教育领域中的重要议题。通过引入虚拟实境技术、线上全球协作项目、社交媒体整合等创新方法，可以更好地促进学生的跨文化交际能力和语言学习。未来，多元文化教育、个性化学习、社会情感学习以及反思式教学方法将成为跨文化英语教学的重要趋势。面对语言差异、文化冲突、资源不足等挑战，应采取合理的应对策略，如提供真实语境、引导文化适应性培养等，能够有效提升学生的学习效果。

在全球化的背景下，培养具有国际视野和跨文化交际能力的英语学习者至关重要。跨文化英语教学的创新与发展不仅有助于学生的语言水平的提升，更能够培养他们在不同文化环境中自信、开放、富有创造力的特质，使其更好地适应未来的国际化社会。因此，教育者和教育机构需要密切关注这一领域的发展动向，不断更新教学理念和方法，为学生提供更为丰富、多样的跨文化英语学习体验。

第四章 跨文化视域下英语学习能力的培养

第一节 文化学习

一、文化学习的内容与模式

对于文化的界定，从人类学家到语言学家，从心理学家到社会学家，每个人的角度不同，界定也不同。正是这纷繁复杂、不统一的界定表明了文化内涵的复杂性和多面性。

文化学习包罗万象。王云华对英语文化的定义为：英语文化学习指在学习英语的过程中学习文化，或者通过学习文化学习语言。对于英语学习者来说，文化学习的内容主要包括三方面：英语文化的价值观念、信仰、思维方式等内容；与本族文化存在差异对比的英语文化内容；与日常交际密切相关的实用的文化内容。前者属于隐性内容，而后两者大多属于显性内容。显性的文化内容更易于被英语学习者注意到，隐性的文化内容是文化结构的最深层次，影响着人们的行为、思维和情感，这部分也是英语文化学习中最难的。

文化学习错综复杂，许多学者对文化学习提出了不同的模式。值得注意的是，许多传统的文化学习模式都强调在无意识的文化活动中学习文化。在文化学习过程中，一切活动都是无意识地进行的。针对这一点，Moran 提出文化学习过程应是有明确文化学习意识的、整性的、体验性的学习循环。他认为文化学习应是由一个有意识、有目的文化隐性成分转化为显性成分，基于文化比较的过程。笔者认为，体验性学习循环涵盖了文化体验与文化反思两个重要的环节。

（一）文化体验

所谓文化体验，即接触英语文化的生活方式，广泛了解英语文化环境中的文学、艺术，甚至衣、食、住、行，让学习者从生理上、智力上、心理上、精神上完全参与体验，文化体验是针对文化的隐性内容进行的学习体验。具体而言，文化体验包括三个方面内容的文化学习：理解文化信息、体会文化实践活动、了解文化观念。文化体验即对于英语文化所提供的文化知识、信息能够理解接受，同时体会英语文化的行为、风俗习惯、传统等方面的文化内容，并且还能了解英语文化体现的信仰、观念、态度、价值观等隐性内容。在这一过程中，为自己创造一个英语文化学习环境十分重要，学习者应积极地通过各种渠道，如与英语国家的本族语教师、学生直接或间接交流，多观看或阅读英语文艺作品，多收听英语广播节目等方式进行有效的文化体验。同时，在体验活动中，要注重体会和了解隐藏在英语文化知识、信息等显性内容背后的与行为、观念有关的隐性内容。而要达到对隐性内容的完全了解，英语学习者必须多参与文化体验，而且要经历一个较长的过程。

（二）文化反思

英语学习者在文化体验学习过程中应是一个积极的体验者，同时也是一个理性的分析比较者。在体验中应善于反思自己的所听、所看、所读，并且将英语文化与本民族文化相比较。他们还有权利决定自己在多大程度上接受、融入英语文化，在与其他学习者交流时，把自己的所思所想表达出来，形成一种文化的自我意识。

应该指出的是，英语学习者在文化学习的过程中，对外语文化的理解和接受程度受本民族文化心理结构的制约，尤其受到本族文化中的价值观念、思维方式、情感方式的制约。因此，英语学习者在面对英语文化与本族文化时，应该注意进行文化反思，理性地面对两种文化的差异，使自己的文化学习过程成为两种文化双向交流、融合与创新的过程。通过比较、鉴别、选择和创造性的整合，在弘扬本民族文化优秀传统的基础上吸收英语文化的精华，在文化整合过程中得到自我表现和个人发展，形成一种健康的文化自我意识。必须指出的是，文化分析比较的过程并不存在两种文化孰优孰劣的问题，我们不应该守着保守的思想，一味地排斥英语文化，也绝不能抛弃本民族文化传统，去迎合接受英语文化。

二、英语学习者与文化学习活动

文化学习活动在不同阶段可以选择灵活多样的活动内容。学习者要注重循序渐进，要按照自己的学习水平为自己安排适合自己学习阶段的文化学习活动。下面的活动是按照由浅至深的顺序排列的。

（一）体验性交际活动

在英语学习者接触英语文化的初级阶段，其英语学习可以通过一些感官的、直接的活动进行。例如，观看有关介绍英语文化的音像资料，在观看后，学习者可以通过对话、角色扮演、模仿表演等形式模拟英语文化日常生活模式，与此同时，了解英语文化民族人们所遵循的交际模式。

（二）非言语交际观察感知活动

人际交流是通过言语和非言语两种方式进行的。非言语行为一样能表达思想感情、社会关系等内容，如体态、姿势、眼神、手势、表情等，因而英语学习者在体验活动中应注意观察，感知英语文化人们的非言语交际方式，了解在言语表达之下暗含的交际内容。

（三）文化差异对比活动

对英语文化有一定了解之后，英语学习者应注意区别英语文化与本民族文化的差异，可以在日常生活、价值观等方面进行对比。在对比过程中，既对英语文化及本民族文化进行了分析，又能加深对各自文化的了解。在这一阶段，二语学习者主要是对两种文化差异中的显性部分进行比较。

（四）文化感受讨论活动

文化感受讨论活动是英语文化学习的较高阶段，英语学习者可以分成几个学习小组，对英语文化及本民族的文化特征进行反思、讨论、归纳，各自谈谈对不同文化体现出的不同的信仰、价值观等的感受和理解，话题可以多种多样。英语学习者可以口头讨论，也可以通过书面表达，通过理性的评价、对比、综合性的分析，对两种文化差异的隐性内容进行深入的讨论。

文化学习是英语习得的重要内容。英语学习者在提高自身语言能力的同时，也应注意学习英语文化，培养自己的跨文化交际能力。现在国际交流日益兴盛，对于英语学习者来说，其不仅应是"语言通"，还应是"文化通"。只有语言精通，文化娴熟，才可以进行有效的交际。但是，目前二语学习者的实际交际能力并不令人乐观，中国学习者在英语学习过程中所遇到的困难，在很大程度上与文化学习有关，如何处理好语言与文化学习之间的关系，还有待更多的研究者们进一步的探索。

第二节 跨文化英语学习能力方法与体系

一、提高跨文化学习能力方法探究

（一）提高跨文化敏感度，从而提高跨文化交际能力

在跨文化敏感度中，交际信心、交际参与度、交际愉悦感与跨文化交际能力的联系比差异认同感、交际关注度与跨文化交际能力的联系更紧密。因此，在提高英语学习者的跨文化敏感过程中，应该以这三方面为重，兼顾差异认同感、交际关注度。在今后的跨文化交际教学和培训过程中，要注意提高跨文化敏感的训练，受训者通过一系列活动对自己的文化加以了解，从而举一反三，了解文化的特性，进而了解其他的文化，提高自身的跨文化敏感度。同时，除了提高英语学习者的交际信心、增强交际参与度之外，还要注重对英语学习者交际关注度、差异认同感的培养，注重其对英语文化知识的吸收和学习，全面提高其跨文化敏感度，从而提高跨文化交际能力。

事实上，交际信心、交际愉悦感涉及英语学习者的情感问题，而交际专注度又是交际信心、交际愉悦感在交际行为上的反映。长期以来，除了部分院校开设跨文化交际的选修课外，英语课程设置中缺少直接从情感和行为上培养学生的跨文化交际能力的课程。而要提高交际信心、交际愉悦感和交际专注度，就要设置专门的跨文化交际相关课程，对学生进行跨文化交际培训，让学生有机会进行实际的跨文化交际体验，从而真正提高他们的跨文化交际能力。

（二）学习和理解含有文化蕴含的词汇，扫除跨文化交流障碍

英语学习者对含有文化蕴涵的词汇的理解能力欠佳，得分较低。纵观英语的发展历史及其文化演变的过程，英语语言中有很多词汇文化含义尤其丰富，甚至一些词汇的文化内涵都没能被词典收录，因为它们的含义有的出自文学作品，有的出自神话传说。因此，掌握词汇所包含的文化含义是文化学习中最重要的一部分。了解不同语言中由于文化而形成的词汇的字面意义和引申意义的异同，是有效地进行跨文化交际交流的关键之一。因此，英语学习者可通过阅读积累知识，不断增进对词的文化内涵的了解，进一步了解英、汉两种文化差异，为日后进行跨文化交际扫除文化交流障碍。

二、英语学习者的文化学习能力体系

（一）英语学习能力体系探究

英语学习能力从以下三个方面进行剖析：知识、技能、能力。为了进一步说明问题，我们有必要先弄清"知识""技能""能力"这些词的含义。

在英语学习方面，知识就是指语音、语法和词汇等语言体系，当然也包括背景知识等。在学习过程中，基础知识是非常重要的，但接受英语基础知识的方式与接受理工专业知识有很大的不同。学习理工专业知识主要靠理解、实际操作和运用（当然也有一部分公式要死记）；而学英语需要记忆的东西却是大量的。因此，学生要具有较强的记忆力，尤其是在短期英语教学中，由于短期英语教学采用强化教学，所以就更需要记忆力的保证了。

在英语学习方面，技能就是指读、听、说、写四会的技能。从心理学来说，技能是经过反复训练后在个体固定下来的行为方式。例如，针对某一篇课文，学生能看懂意思，准确地朗读并回答问题，复述，并且能无误地默写出来等，这种技能经过训练，每个学生都可以达到。但接受的速度、记忆的牢固程度、理解的深度以及在新的情景中运用所学知识的能力如何，却与每个学生的观察力、记忆力、反应能力、想象能力、理解能力、创造性的思维能力等心理特征有关。这种心理特征，就是我们所说的能力。能力是为顺利完成活动而在个体中经常地、稳固地表现出来的心理特征。

知识、技能、能力三者之间的相互联系和相互制约体现在：能力的发展是在掌握和运用知识、技能的过程中完成的，如果离开学习和训练，人的能力是得不到发展的。同时，能力在一定程度上决定着知识、技能可能达到的水平。苏联教育家苏霍姆林斯基认为，如果忽视发展能力，学习知识就难免变成呆读死记；练习技能、技巧就可能成为机械训练，从而导致两败俱伤，他提出"智育的主要目标就是发展智力"。在短期英语教学实践中可以看到，尽管学生之间存在着个人素质的差异，但是素质只是能力发展的自然基础，并不是能力本身。

决定能力发展的是实践、教育和训练。只要教师注重培养学生学习英语的能力，就能使每个学生的学习成绩有所提高。尤其是对英语成绩不理想的学生，更应注意发展其学习能力。英语成绩不理想的学生不仅基础知识和"四会"技能差，而且一般学习能力也差。只有当他们的学习能力提高了，他们的英语学习才会有明显的进步。

可能有人会说，在传授知识的过程中，自然就培养了能力。这种看法有一些道理。人们说，学数学能发展逻辑思维，学英语能锻炼记忆力，就是这个意思，但这毕竟是有限的，是自发的、盲目的。如果我们能有意识地把培养能力作为我们教学大纲、教材编写和教学方法改革的重点之一，就会收到更显著的效果。

在教学过程中培养个人能力，不能完全套用心理学的分类，很难说这一节课是专门培养记忆力的，那一节课是专门发展想象力的。记忆、想象、观察、分析等能力不是孤立的，它们总是在学生的学习过程中综合地表现出来，要成功地完成任何一种任务，都需要多种能力的综合，进行英语学习也不例外，但是，人们在考虑教学内容和教学方法的时候，可以根据不同学科的特点，从培养个人能力的角度进行选择。

不同年龄阶段和不同经历的学生，其能力发展有不同的特点。我们应该充分考虑到教学对象的特点，以便扬长避短，利用有利条件，有意识地加强薄弱环节的提高。赞科夫认为，学习能力的发展总是与情感、意志、注意力、兴趣等因素相联系的。因此，学习能力的培养不可能孤立地进行，它要在贯彻德、智、体全面发展的教育方针中实现。从这个意义讲，培养个人学习英语的能力不单纯是教英语本身所能完成的。

（二）英语学习能力培养

1. 记忆力

记忆力对学英语实在太重要了。常听学生抱怨自己的记忆力不行，说自己不是学英语的材料。确实，有少数学生，记忆力惊人，也有一些学生比较健忘。但是，总的来说，学生基本都是青年人，正处于记忆的黄金时期（研究材料表明：18~29岁阶段的记忆力指标为最高水平）。许多人往往把自己学习不得法归罪于"记不住"。因此，教师要使学生对自己的记忆力具有充分的信心，这一点至关重要。如何培养信心，不能只停留在口头的空喊，而要通过教学，使学生感到自己的记忆力并不差。常用的方法有以下几种。

（1）讲解一些"构词法"，如科技词汇中，使用最广、构成新词最多的派生构词法。使学生对一些具体的词汇产生联想，帮助记忆。学生了解了词的词根、前缀、后缀的意义和语法作用以后，就能从一个词派生出一串词，迅速扩大词汇。针对这一方法教师除了要进行专题讲解之外，还应贯穿于平时的授课之中，经常从"构词法"方面提醒学生，使其加深印象。

（2）多做锻炼记忆力的练习，练习形式要有趣味，切忌枯燥乏味的多次机械重复。例如，常做一些通过听力选择正确答案的练习，口头或书面复述有情节的小短文，限时间快速阅读,强制性记笔记训练(训练边听边记要点,锻炼强记的能力),立即重复教师的句子并将其变为问题等。这类练习,有助于活跃学生的思想,增强记忆力。当学生逐渐进步,感到自己的记忆力并不是那么差时,他就有信心了。这种情绪因素,反过来又提升了记忆能力。这里要说明一点,就是选材一定要注意难易程度恰当,太难会使学生丧失信心,过易则起不到练习的作用。国外有些学者提出"最近发展区"的概念,主张以稍高于学生能力的水平要求学生,促进其能力的提升。一定的难度,能使学生感到新鲜并产生期望,从而引起强烈的求知欲。

(3)英语学习初期阶段,有大量知识需要学生识记,如生词、句型、语法。但是,单调的重复不利于记忆。要尽量想一些办法,帮助学生记忆。比如,启发联想,使学生的听、看、练等活动均有动脑的机会。作业改错要让学生自己改,以便使其加深印象,不再重犯。记生词,要"搬搬家"让学生记,即换换搭配,采用不同的练习形式巩固。机械的句型练习要少做,要尽可能放在语言环境中练习并记忆(就像英语电视教学《跟我学》那样),语法中的规则变化不用花过多的时间进行讲解和练习,要把重点放在特殊变化上。总之,要根据不同的教学内容,考虑到学生心理上的特点,选择恰当的方法提高其记忆能力。

2. 培养反应能力

我们在这里讲的反应能力主要指快速反应能力。这个问题与上述记忆力的培养自然有一定的联系,但快速反应能力需专门培养。学英语是为了交际,在交际过程中,必须快速反应。一般都不允许长时间地考虑,更不允许查书翻字典,培养反应能力,除了用上述训练记忆力的方法之外,主要是要改变学生的"节奏"。下面举几个例子。

(1)在做句型替换或回答问题等口头练习时,要求学生必须快速反应、快速回答,如有停顿或迟疑,就立即换另一个人做。这样的方式有利于逐步改变学生慢腾腾的习惯,使课堂时效比较高。当然,要向学生讲清楚为什么要这样做,否则会伤害其自尊心。开始阶段,学生很紧张,过一段时间就好了。

(2)教师由于职业的习惯,往往把每个词发音发得清清楚楚,这样既不符合实际口语中的吞音情况,又影响了语速,对学生不利。所以要注意用正常速度说话。

放录音也一开始就用正常语速。在学习《字码之间》(法语教材的名称)的开始阶段,由于录音是正常语速,学生极不习惯,会多次提意见,但不久就适应了。因此,后来在听外国专家说话时,反应能力还是较强的。

(3)在课间,常给学生猜些小谜语,既调剂了心情,又训练了反应能力。

（4）从心理学的角度看，人的思维的敏捷性，是以思维的条理性为前提的。因此，要多做一些训练条理性的练习。例如，讲出文章的主要情节，归纳语法内容，总结一句话的多种表达法等。

3. 培养应付能力

（1）在"听"和"读"的过程中，学生通过自己的分析、判断理解带有生词和新语法点的材料或讲话。在开始阶段，同学们就知道听力很重要，但掌握起来并不容易，很多人听不懂，有着急的情绪。可是，总有少数同学，虽然掌握的词汇量也不多，但能够根据上下文理解一半以上。这种理解能力是很可贵的。有了它，在出国学习时就会具备较好的应付能力。因为我们的学生不是专学语言的，所以并不要求其在英语运用方面百分之百的正确。他们的目的是通过英语学到先进的科技知识。因此，应使学生具有这种应付能力，人们曾采取过一些措施，并收到了一定的效果。比如，①听所学语言的超水平（难度较大）录音，事先什么也别告诉学生，听三遍后让其判断录音的语体，如商业广告、天气预报、新闻广播、诗歌朗读、体育比赛实况讲解、会见谈话等。因学生听不懂，只能凭语调、语速、讲话人数、气氛等来猜，以此培养学生的识别能力。然后听带有方言色彩的录音，使学生听懂的部分增加一些。经过上述训练，再听所学语言的标准音，以及正常语速，就比较容易。起码在心理上不胆怯，能有信心去应付。②做听力练习，有计划地由易到难地提出要求。先要求学生用汉语和英语说出听力材料的主题，然后说说有几个人物、有几件主要事情、事情发生的地点等，接着回答问题或选择正确答案，最后要求复述全部内容。经过这种对听力教材的逐步解剖，能培养学生根据上下文猜懂意思的能力。另外，通过阅读也能培养学生此种能力，例如，不允许查生词的限时阅读，做一些填字游戏等。

（2）在与外国人交谈过程中，学生能自如地表达自己所要表达的思想。这种能力对留学生太重要了。学生出国后，在与外国人交谈时，由于英语水平有限，所以总不可能自如地表达思想。如果善于利用所学知识"拐弯抹角"地应对，就能使交谈顺利地进行下去。这里举一个简单例子：如不会说"女婿"这个词，那是否能用"女儿的丈夫"代替呢？这种情况是会经常遇到的。因此，在教学中就要特别注意培养学生的这种能力，要经常让学生用自己会说的话解释课文中出现的新单词、新句型，使他们习惯于用多种说法表达同一种意思。对出国留学的科技相关专业的学生来说，在语言的质和量的关系上，更应强调后者，而不应过分要求精确。从某种意义上讲，说出几个关键词比语法正确、关键词缺失更能使对方明白。

4. 培养注意力

学生虽然都是成年人，学习自觉性很高，但需要多次重复的英语学习，也往往使他们注意力分散、精神疲劳。语音课上练习发音，口干舌燥；语法课上要背许多规则；生词要一个个地记，变位要一个个地背。总之，成年人高度发达的抽象思维，与英语学习中实际表达的低能力发生了矛盾。因此，教师应使每一堂课都具有特殊的吸引力。要研究学生的心理，要重视趣味性。从心理学上说，"注意"是心灵的门户，它使学生产生内在的学习动力，主动地思考和记忆。例如，一些理论、规则不宜多讲，可以由学生自己看，要相信其理解力；而对于一些要求记忆的东西，就要通过各种有趣的方式使学生不费力气就容易记住。学生应该始终是学习的"主体"，学生注意力越集中，思想活动越积极，其记忆力就越强。

5. 培养"举一反三"的能力

"举一反三"的能力，也可称"实际解决问题"的能力，即要学得活，能灵活运用课堂知识。切莫使学生的思想仅局限在教师讲课中所提到的例子。否则，就会引起知识和能力之间的关系失调，其后果就是把学生头脑里的知识变成一堆僵死的、不再发展的东西，因为这些知识不能迁移，不能用新的事实丰富，不能表达新的思想。这样的学生在实际场合就会茫然失措，想表达思想，却又找不到句型，与学过的知识对不上号。我们在教学中，应尽量多地选择有利于培养举一反三能力的练习形式。

许多优秀教师积累了不少宝贵的经验，这些有待进一步总结。在这里仅举一个例子：在学完"法国"这课后，让学生课后准备讲座，可以集体，也可以个人，可以介绍加拿大，也可以介绍一些城市，如巴黎、北京、上海等。讲座结束后要答听众问。学生兴趣很高，一个学生作了近一小时关于加拿大的讲座，在黑板上还画了地图，边指边讲，课文中所学的句子都用得十分巧妙。最后，对听众的问题也答得很自然。当时，这个学生学英语还不到一年。英语这门学科，课外实习的天地极为广阔，教师要善于引导、组织，如参加联欢会、辩论会、演讲比赛，看电影，和专家一起参观访问等，使学生对知识广为涉猎，培养其活用课堂知识的能力，培养其大胆套用、不怕出错的习惯，要鼓励其多用地道的英语句型。

6. 培养想象力

学习英语是为了交际，教学过程本身就是交际过程。英语教师在课堂上要利用一切机会创造语言情景进行教学，这就要求学生有比较丰富的想象力，要具备"无话找话说"的本领。学生中总有一部分人不爱说话，缺乏想象力，尤其是学理工的科技生，往往没有经常开口的习惯，这会造成师生配合的困难。因此，我们利用各种教学手段调动学生说话的积极性、锻炼其想象力，以求达到较好的教学效果。

7. 培养自学能力

培养自学能力是当前国内教学改革中引人注目的新趋势。古人说："授人以鱼，只供一饭之需；教人以渔，则终身受用无穷。"抓自学能力的培养，就是抓住了培养能力的关键，在英语学习上也是如此。据观察，学习较好的学生都具有很强的自学能力。他们能大量阅读，较早地会查原文字典，善于整理、归纳、总结课堂上所学过的知识；他们善于提出一些有分量的问题，并能主动求得答案；他们善于发现自己学习上的弱点，并注意不断改进学习方法、科学地支配时间。

作为教师，除了使学生具有牢固的基础知识和基本技能之外，还要抓好学生的自学活动。特别要关心学生的课外学习（包括预习、复习、做作业、课外阅读和其他活动）。在课堂教学中，教师要尽量少讲，多让学生分析、总结。教师可提出关键性的问题让学生回答，通过教师对重点和难点的讲解示范，使学生懂得自学时应注意的问题。学生从教师那里不仅可以学到知识，更重要的是学习他们治学的态度和方法，培养自身的自学能力。在英语培训期间，知识的掌握是有限的，但方法的掌握、学习能力的提高则是终生受用的，这对他们出国后继续提高英语水平是大有帮助的。

英语教学是有规律可循的，但从具体方法来说，又必须因人、因时、因地、因语种而异。以上几种能力是相互联系的，在各阶段都可穿插进行。因此，教师在备课中考虑培养学生能力时，既要有所侧重，又不能截然分割。

（三）建议及对策

英语学习者要想进行顺畅的跨文化交流，成为一名成功的交际者，他们不仅需要一定的语言知识和语言技能，而且要遵循特定的跨文化交际原则，学习和了解对方的文化，做到知己知彼，百战不殆）只有这样，才能做到交际成功，以达到有效的交际目的。

1. 增加英语教材中的跨文化交际内容，增开跨文化交际课程

我国英语学习者的文化知识来源主要依赖于英语读物，来源基本为英语教材。在英语学习者跨文化交际能力培养过程中，英语教材的内容直接影响他们对文化知识的学习，进而影响他们的跨文化交际能力。因此，在英语教材中有关英语文化知火、风俗习惯、思维方式等相关内容的比例要加大，尤其要增加典型的跨文化交际的事例。在语言教学过程中，教师在教授语言的同时还要教授语言的使用规则，在让学生注重语言使用

的得体性的同时，要有意识地引导学生注意非语言交际手段在日常交际中的运用，以利于学生跨文化交际能力的提高。

学生想要学到地道的英语，能与讲英语国家的人成功地进行交际，必须加强英语文化知识的输入，而英语文化输入的主要渠道就是设置相应的文化知识和跨文化交际课程。因此，在课程设置方面，学校教学管理部门应该给学生开设跨文化交际有关课程，如语言与文化、跨文化交际学、英美概况、英语国家概况等选修课或系列讲座，以增强学生对文化差异的敏感性，提高其文化素养。

2. 增加英语词汇学习，加强英语阅读

文化不是先天具有的，而是通过后天习得的，一个人具有什么并不取决于先天的种族，而是取决于他生活的文化环境。词汇学习是文化学习中最重要的一部分。英语词汇在长期演变中蕴含丰富的文化含义，它们有些来自文学著作，有些来自神话传说，词典都未必能囊括这些词汇的所有文化内涵，了解不同语言中由于文化而形成的词汇的字面意义和引申意义的异同，是有效进行跨文化交际交流的重要一环。因此，英语学习者可通过阅读积累知识，不断增进对词汇文化内涵的了解，尤其要重视理性意义相同或者相近，但情感意义、比喻意义、联想意义、搭配意义不同或差异较大的英汉词语。

同时，阅读也是文化学习的重要方法。在阅读的过程中要充分挖掘词汇的文化内涵，要多读一些有丰富文化内涵的报纸、杂志和小说等，以便自身更好地了解各国的文化差异，多渠道地摄取文化知识、拓宽视野。

3. 进行文化比较和知识渗透，完善文化意识

英语学习者可通过定期参加由具有丰富的跨文化交际经验的专家学者、留学归来的教师或者外籍教师所办的文化专题讲座，提高其跨文化交际水平，这样的讲座对于很少有机会直接接触西方文化的英语学习者来说，是一个有效增强文化敏感性的途径，因为他们能通过自己的亲身经历帮助英语学习者，使其克服跨文化交际中出现的问题。

同时，英语学习者对英、汉两种文化的比较也是进行英语文化学习的重要途径。学习者可从称谓、招呼语、告别语、谈话题材和价值观、人生观、幸福观等方面对英、汉文化进行对比，通过比较，英语学习者将进一步了解英、汉两种文化之间的异同，为日后进行跨文化交际扫除文化交流障碍。

第三节　英语学习者自主学习能力培养

一、自主学习能力培养研究综述

（一）自主学习

宾特里奇将自主学习定义为一种自我调节的学习过程。余文森等认为，自主学习是指学生主宰自己的学习，是与他主学习相对立的一种学习方式。而以庞维国为代表的学者，主张从横向的学习的各个方面和纵向的学习的整个过程两个维度定义自主学习。自主学习是一种突出学生主体地位的学习形式。它具有以下几个方面的特征：

（1）自主学习是一个将认知、元认知和行为等多方面的因素综合应用的学习过程，其表现为学习者对认知过程和行为的调节和监控。

（2）自主学习是一种学生积极、主动参与整个学习过程的学习形式，表现为对学习目标的自我计划和制定，学习内容的自我选择和调整，学习过程的自我调节和监控，学习结果的自我预期和评价。

（3）在自主学习过程中，学习者有强烈的内在动机，并会产生积极的情感体验。

（二）自主学习能力构成

自主学习是各种教育形式对学习者的基本要求，这种学习形式并非只有在远程教育环境下才能实现。但是，由于远程教育环境下的自主学习是在一个比较特殊的环境下进行的，所以在符合自主学习基本特征的同时，也表现出相当大的特定性和特殊性。因此，在远程学习环境中重新审视自主学习能力的构成时，我们需要结合远程教育的特点，重新审视远程环境下自主学习能力的特征。

国内外的研究者或从自主学习过程的角度，或从认知和非认知两个维度，或从终身学习的角度，对远程环境下自主学习能力的构成进行了分析，综合起来包括以下几个方面：

（1）信息加工与管理能力：在学习过程中，对资源和信息进行收集、整理、选择、分析和利用的能力。

（2）认知能力：拥有充足的认知策略并能够熟练运用的能力。

（3）元认知能力：对学习过程的计划、监控和评价的能力。

（4）动机激发能力：综合运用多种自我效能感、学习兴趣等多种动机性因素进行自我激励，保证学习的内在驱动力的能力。

（5）网络协作能力：运用网络工具和技术进行交流协作的能力。

笔者认为自主学习贯穿于学习者学习的整个过程，一种学习是不是自主学习，只有通过学习者在学习的不同过程、不同阶段表现出的主动、独立的特征得以体现。

一个成功的学习者，能够保持良好的学习动机，能够在兼顾工作的同时对学习时间及进度做出合理的计划与安排，能够灵活地使用远程学习方法及策略，能够合理地选择、使用各种网络或非网络的学习资源，能够有效地进行各种学习交互活动，并能够根据实际情况自己拟定学习方案，还要对以上各个学习环节进行有意识地监控与评价。

（三）自主学习能力培养的教学模式

近几年，国内外关于自主学习能力培养研究的理论基础主要是，基于维果斯基的最近发展区理论和认知建构主义理论，研究的焦点集中在如何利用脚手架培养学习者的自主学习能力。这两个理论都强调以学生为中心、以学导教的思想。维果斯基的最近发展区理论首先从教学与发展的角度，提出了有利于指导学生自主学习的教学原则，建构主义理论在此基础上提出了更为具体的教学方法，把有利于学生自主学习的教学环节以一种明确的线性关系排列出来：创设问题情境—学生自主学习—小组讨论—结果评价。在这两个理论的基础上，更多学者针对具体学科的具体问题开展了大量的自主学习能力的培养研究，提出了多种教学模式，具有代表性的是：Hiarris 和 Graham 的 SRSD 模式，Zimmerman 的自主学习循环模式，Buher 的 SCL 模式，以及 Andrade 和 Bunker 的自主语言学习模型。这些教学模式都以提高中小学生对学习策略和学习过程的自我调节能力为目的，试图通过培养学生的自主学习能力改善他们的学习。通过分析这些模型或模式，笔者认为自主学习培养的教学模式应具备以下几个典型特征：教师扮演的是合作者的角色，而非主导者；强调学生对学习过程的自我管理和监控；重视学生之间的合作、交流与分享。

二、自主学习的背景、含义和意义

（一）自主学习研究的背景

自主学习的思想早在 18 世纪就已萌芽，法国哲学家 Rousseau 的"自然教育"理论强调了学习者对自己学习负责的重要性，实际上就等于提出了自主学习的思想。他认为：自主学习的能力是人天生就有的，但是这种天赋却受到后天学校教育的压制。这一思想对很多后来的教育学家产生了影响，成为解放学习者将他们重新送回教学主体位置的现代教学思想的动因之一。

在 Rousseau 之后，很多教育学家纷纷提出与自主学习相关的思想，其中 Dewey 的解决问题的学习方法，Kilpalrick 的项目学习法，Frpir 的转化式学习法和 Rogers 人性化的学习方法等教育理论都从不同角度丰富了学习的理论，成为培养学习者自主学习能力的理论基础。

另一个对自主学习思想产生重大影响的是建构主义学习理论，Kelly、Bames.kolb 和 Vygotsky 四位教育心理学家对建构主义学习理论起到了决定性的作用。Kelly 的个人建构理论，Bames 对学校知识和行动知识的区别，Kelly 的体验式学习理论和 Vygotsky 对合作学习和社会交往的强调，构成了建构主义学习理论的基础。这些学习理论的一个共同特点就是：有效的学习来自学习者的积极参与，这与自主学习思想正好吻合。

最早对自主学习开展研究的领域是成人教育，由于它是以自学为主的学习模式，没有大纲、教材和教师指导，因而培养学习者自主学习的能力就显得非常重要。随着教育改革的进一步深入和教育心理学等学科的不断发展，自主学习的思想很快得到英语教学领域和其他领域的重视。

（二）自主学习的含义

Holec、Little、Benson 等学者分别给自主学习作出如下定义：自主学习就是控制和管理自己学习的能力，也就是对与学习各个方面相关的决定负责，它包括目的的确定、内容和进度的确定、方法和手段的选择、学习过程的监控及学习的评价等。

从本质上说，自主学习是一种独立学习、批评反思和自我决策的能力。它要求学习者发展一种与学习过程和内容相关的、特殊的心理，这种独立的能力表现在学习者的学习方式上，或表现在他（她）将所学知识迁移到更加广阔的领域的方式上。

自主学习意味着学习者至少应该在三个层面上对自己的学习进行控制：学习管理、认知过程和学习内容。由于自主学习涉及学习者的心理、情感和行为多个层次，具体表现因人而异，因而要给自主学习作出一个完整、全面、具体的定义和描述是很困难的。正因为如此，Holec、Little、Benson 等人对自主学习的定义都有这样或那样的不足，但是综合他们的定义，人们还是能够对自主学习有一个较全面的认识。值得注意的是，对于自主学习，不同的文化会有不同的定义和理解，这主要表现在对自主程度的不同期望。西方文化推崇个人主义和独立自主的精神，自主学习的思想对他们来说很容易接受；相反，东方文化集体主义思想较深厚，对权力和权威更敬畏，独立学习、不以教师为权威的学习方式，不仅在人们的思想上难以接受，而且在实际教学中困难重重。

根据以上对自主学习的理解，考虑到中国教育文化的特点和跨文化英语教学的需要，笔者认为在英语教学中，培养学习者自主学习能力应该包括这样五个层次：

（1）学习者参与管理自己的学习，对自己的学习进行规划、监督和评价。在教师的协助和指导下，确定学习目标，理解学习内容，了解和选择教材，选用多种合适的学习方法，确定评价标准；在学习过程中，自我监督；在学习结束之时，对自己的学习作出客观、合理的评价。这是一个行为层面。

（2）学习者对自己的学习具有较强的意识管理，善于反思。这是一个心理层面。

（3）学习者对学习充满好奇和自信，具有较强的学习动力。这是一个情感层面。

（4）学习者掌握了多种适合自己的学习方法，并能根据需要灵活应用。同时，他们愿意探索和尝试新的学习方法。这是一个方法层面。

（5）学习者敢于实践，敢于创新。他们有意识、有能力将所学的知识和技能应用到新的学习和社会环境中。这是一个应用层面。

以上五个层面或许不能概括自主学习的全部内容，但是笔者认为把它们作为中国跨文化英语教学的教学重点之一，不仅符合跨文化英语教学的需要，而且考虑到中国教育文化的特点，也是现实、可行的。我们不希望受中国传统文化影响的教学模式和教师及学生完全接受西方的独立、自由式的学习模式，何况班级大、学生人数多、师资不足等客观条件也限制了对自主学习能力的培养。所以使培养自主学习能力对于中国学生来说更加必要和迫切，这是由自主学习的重要意义决定的。

（三）培养自主学习能力的意义

学习者自主学习能力的培养成为英语教学的中心议题，与跨文化交际日益频繁、知识和信息日新月异、经济和教育全球化不断深入的当今世界形势是分不开的，面对这样的形势，培养跨文化交际能力、独立学习能力和终身学习的思想成为教育的首要任务之一。英语教学作为跨文化交际能力培养的重要阵地，理所当然应该承担起这一重任。在英语教学中，培养学习者自主学习能力的意义体现在以下四个方面：

（1）任何教学，包括英语教学都不可能、也没有必要涵盖一切学习者今后所需要的知识和能力，跨文化交际能力的培养尤其如此。在学校学习的过程中，学习者接触到的交际情景相当有限，学习者不可能为今后可能会参与的跨文化交际场合一一做好准备。因此，最有效的办法是教师和学习者共同努力，使学习者了解学习的本质，掌握学习的方法，学会控制和管理自己的学习，同时掌握跨文化交际的规律和一定的跨文化交际的技巧，为独立学习和实践打下坚实的基础。

（2）作为学习的主体，学习者有权对自己的学习作出选择。在传统英语教学体系下，学习者几乎完全依赖教师和教材进行学习，教师怎么教，学生就怎么学；教材里有什么，学生就学什么。这种被动学习的局面不符合学习者的主体地位，不能满足英语学习的需要，更不能为他们终身学习做准备。Barnes（1976）在区别"学校知识"和"行动知识"的基础上，指出"学校知识"由于是以抽象、非语境化的形式呈现和保留的，因而不仅不可能成为学习者自己的知识，而且容易遗忘。"行动知识"不是教师传授给学生的，而是学生通过自己主动参与获取的，与他们的世界观和经历密切联系，所以更容易成为学习者的一部分，是他们生活方式的基础。他认为"教学与其说是教学，不如说是交际行为"。学习者积极、主动、独立、自主的学习有利于知识的吸收和能力的提高。

（3）从教学的角度看，学习者参与学习目标的确定、学习进度的规划和学习进步的评价，会使他们对教学目的、内容、活动和要求有更加明确的认识，从而促使学习效果的提高。另外，对自己学习情况的清楚认识会使学习者感到踏实、安全，学习者不会因为等待他们不确定的考试而惶恐不安。自主学习还有利于增强学习者的学习热情，因为学习是自己的事情，而不是在家长和教师威严逼迫下、不得已而为之的事情。

（4）从实际看，学习者不可能在任何时候都可以得到教师的帮助，毕竟教师不可能一天24个小时守候其身旁。在学习者需要自己学习和练习的时候，如果掌握了独立学习的能力，即使没有教师的帮助也能自己解决问题。

综上所述，无论是从国际形势变化对英语教学乃至整个教育界的要求看，还是从英语教学本身的需要看，培养学习者自主学习的能力都势在必行。作为英语教学工作者，我们有责任克服传统文化束缚和师资不足的困难，培养学习者自主学习的意识和能力，为他们不断更新知识结构。

三、教师和学生的角色

自主学习不是一种新的学习方法，也不是一种新的教学方法，它是对学习和教学本质的修改。学习不再是简单的听讲、记笔记、做作业、复习、预习、考试等；教学也不再是单纯的传道、授业、解惑。学习者的被动地位得以破除，以学生为中心、以学习为中心、以任务为中心的教学思想取代了以教师为中心、以教学为中心、以教材为中心的教学思想。那么这种转变是否意味着教师的教学变得轻松，而学生的学习压力不堪重负呢？对这个问题的最好回答就是分析教师和学生，在这种教学模式下的作用和他们之间的关系。

（一）教师的角色

学生除了参与确定学习目标、学习内容、学习进度、学习方法、学习评价之外，还要对自己作为一个学习者的感受和经历进行反思和理解，关注学习过程，摸索学习方法，对学生提出的这些"额外"的要求，实际上也是对教师的要求。一方面，因为只有具有自主学习意识和能力的教师，才能培养出能够进行自主学习的学生。教师自制的具体表现是：他们主动参与大纲制定、课程设计、教材选择和测试评价活动，不受大纲的限制，根据教学的具体需要，调整教学内容，不僵化地使用一种方法和教材，愿意尝试多种方法和教材；敢于自己设计教学方法，准备教学材料，教师在教学中如果能表现出以上的特点和自信，就会感染学生，并将这种独立意识和自信传给学生。另一方面，如果教师在教学过程中不注重学生自主学习能力的培养，学生也不可能自动习得自主学习的能力，因而有意识、有计划地进行自主学习能力培养是教师的主要任务之一。在这种教学思想指导下，教师扮演的角色应该是合作者、顾问、协调者和对话者。

（1）教师是学生的合作者。他（她）与学生一起确定教学目标、学习内容、评价标准等。这样的合作可以是以班级、小组或个人为单位的，在此过程中，虽然教师仍然具有一定的权威性，但他（她）主观上应该将自己看作学生的朋友和同学，是他们的合作者。

（2）教师是学生学习的顾问和向导。毕竟没有接受过自主学习培训的学生对于如何承担起自己学习的责任往往一无所知，往往需要教师的鼓励和引导，才能逐渐适应新的角色，这时候教师的作用就是一名顾问，为学生的自主学习提供指导性的帮助。作为顾问，教师的任务是与学生进行交流与沟通，目的是通过向学生提问、采访，以及督促学生反思自己的学习过程、学习方法和学习态度,了解学生的学习进展情况和学习需要,帮助学生确定新的学习目标。这样的交流使学生真切感受到教师对他(她)的关心,每一位学生的学习特点都得到了尊重,以学生为中心、因材施教的教学思想由此得到很好的贯彻。虽然与每一位学生定期进行这样的对话会花费教师大量的时间,但是考虑到它对于培养学生自主学习能力的作用,还是非常值得的。

(3)教师是学生学习的协调者。学习者独立学习不等于孤立地学习,也不等于完全自学。实际上,更多的时候是通过与其他同学一起讨论、做项目、演讲、分享学习经验等教学活动进行学习。在这些活动中,学生的参与和表演是中心、而教师扮演的就是一个协调者的角色,其主要任务就是保证这些活动不偏离其目的,按照已经设计好的步骤进行。

(4)教师是知识和信息的来源。虽然与传统的教学方式不同,教师不是学生所学知识的唯一源泉,但相对来说,教师所掌握的知识,特别是专业知识比学生丰富,因而仍然是学生吸取知识、提高能力的一个渠道。所不同的是,依靠教师传授知识已经不是学生学习的主要内容,在教师指导下,学习者学习如何学才是学习的真谛所在。

Voher 将教师的作用归纳为技术支持和心理/社会支持两大类,技术支持的主要内容包括:通过分析需求、确定目标、规划时间、选择教材和组织活动等来帮助学习者规划和实施自主学习;帮助学习者进行自我评价;帮助学习者掌握完成上述任务的能力和知识。心理/社会支持的内容是:具有协调者的素质,要体贴耐心、宽容大度、善解人意、不妄加评判等;善于调动学习者的学习积极性,鼓励其上进,消除其忧虑,愿意与其交流,不过多干预等;能够提高学习者独立自主的意识。

以上对教师角色和作用的论述表明:以自主学习为特点的教学对教师的要求更高,这不仅体现在教师在时间和精力上付出会更多,而且要求教师在具备必要的业务知识的同时,还要具备与学生沟通和协调的能力。这样一来,教师的任务实际上比原来更重、责任更大,因而教师培训就显得更加必要。

(二)学生的角色

就学生而言,自主学习使他们从对教师和教材的依赖中解放出来,成为自己学习的主人。这种从被动到主动地位的变化要求学生在教师的引导下,做到:制订学习计划,即确定学习目标和内容,规划学习进程,选择学习方法和策略,确定评价标准;监控学习过程,即记录,并与他人分享自己的学习经历和感受,反思并修正自己的学习态度和方法；评价学习结果，即根据先前确定的标准给自己的学习进行评价，了解自己的进步和不足，确定下一步学习的目标。

总之，自主学习要求学习者具有较强的学习意识，重视学习目标实现的过程和方法，通过这样的意识和对学习过程的关注，学习者增强对学习、学习者和学习过程的理解，掌握学习的规律和方法，从而提高自己独立学习的能力，为承担起学习的责任做好准备。

认识了自主学习能力培养的意义和师生的责任之后，接下来的问题就是如何培养和提高学习者自主学习的能力。

四、自主学习能力的培养

培养自主学习能力需要教师和学生双方共同努力、相互配合。由于自主学习能力包含多个层次，具有多种表现形式，因而对学习者进行自主学习的培训也需要从多方面入手。Benson总结出开发和培养学习者自主学习能力的六个途径：

（1）以资源为基础的方法强调与学习材料之间的独立互动。

（2）以技术为基础的方法强调与教育技术的独立互动。

（3）以学习者为基础的方法强调学习者在行为和心理上的发展变化。

（4）以课堂教学为基础的方法强调学习者对课堂学习的控制。

（5）以课程为基础的方法将学习者对自己学习的控制延伸到整个课程。

（6）以教师为基础的方法强调教师的作用和教师进行学习者自主学习能力培养的培训。

以资源和技术为基础的学习（如计算机辅助语言学习、利用学习软件的学习、网络英语学习等）为学习者控制和管理自己的学习提供锻炼机会，学习者独自面对各种不同形式的学习材料，面对多媒体和因特网等现代技术所提供的学习机会时，势必会自发地对自己的学习进行管理和控制。但是，技术只是为自学提供了机会，并非一定能导致学习者自制能力的提高。因此，对学习者进行一定的学习策略培训十分必要，这就是第（3）种方法的主要内容。以课堂为基础进行学习者自主能力培养，主要是通过让学习者参与对他们日常课堂学习活动的计划和评价，促进他们对学习过程和学习内容的关注和理解。第（5）种以课程为基础的方法强调学习者的自主学习应该贯穿整个课程体系，在这种教学模式中学习者对自己学习的控制是全方位的，从学习目标和内容的确定，到学习过程的把握，再到最后的评价都是由学习者自己完成的，当然教师适时、适度的帮助仍然是学习者自主能力形成的重要保证。以教师为基础的方法显然是从教师对培养学习者自主学习能力的作用出发，对教师进行培训，以帮助他们履行自己的责任，完成对学习者自主能力的培养。总之，学习者自主学习能力的培养是一个长期、复杂的任务，应该将学生、教师、材料、技术、课堂等各教学要素有机结合，并采取多种形式，从不同侧面进行。

此外，培养学习者自主学习能力还应该特别注意以下四个方面。

（1）让学生理解自主学习的含义和意义，提高他们自主学习的意识，自主学习是一个近十几年才频频出现的概念，许多教师和学生不知道其中的含义，所以对学生进行培训时，必须首先向他们介绍自主学习的概念和意义。由于自主学习能力的培养是一个长期的过程，贯穿教育的各个阶段，对于年龄较小的学生，空洞的概念解释可能超出了他们的认知理解能力，因而正式介绍自主学习的概念和意义应该等到学生年龄稍长以后。但是，在此之前，教师仍然应该对学生进行有意识的自主学习能力的培养，只是形式不同而已。

另外，引导学习者关注和反思自己学习的过程，提高自主学习的意识也是十分关键的。因为自主学习能力的培养在很大程度上取决于学习者自己的努力，一旦他们意识到独立自主能力培养的重要性，善于反思自己的学习过程，那么自主学习能力培养的目标就更加容易实现。

（2）帮助学生认识自己作为一个学习者的特点、学习风格和策略，同时了解成功的学习者通常表现出来的特征，以便取长补短。

自我认识是自主学习的基础。教师应该设计一些教学活动，以便帮助学习者反思自己的学习态度和方法，了解自己的学习特点。英语学习者大致可以分为四类（Knowles，1982）：具体型学习者，喜欢通过游戏、图片、电影、录像、磁带等途径学习英语；分析型学习者，喜欢通过学习语法，阅读英语书籍和报纸，找出自己的错误，攻克难题等方式学习英语；交际型学习者，喜欢通过观察和聆听英语为母语国家的人们的谈话，用英语与朋友交谈，课外大量使用英语等方式学习英语；依赖权威型学习者，喜欢听老师讲解，有自己的教材，将一切都记录在笔记本里，通过阅读学习。

有关学习风格和策略的研究还有很多，这些研究成果对于学习者认识自我，了解和拓展自己的学习策略有很大的帮助。学习者在了解自己学习特点的基础上，可以相互交流，并通过观察一些成功者的学习行为总结经验，以供大家学习和借鉴。值得注意的是，学习风格是个性差异，不能用好和坏衡量，每种学习风格都有其优点和缺点。好的学习者善于保持自己原有学习风格的优点，有意识地克服其中的缺点。并通过借鉴其他学习风格的长处，使自己的学习风格更加能够满足学习的需要。

（3）对学生进行学习策略培训。以学习者为中心、以学习为中心、以任务为中心的现代教育思想开始生根发芽之后，对学习者进行学习策略培训的呼声越来越高。学习策略已经成为英语教学研究的一个重要课题。自主学习在很大程度上依赖于学习者对学习策略的掌握。

目前，英语教学研究中普遍接受的学习策略分为认知策略和社会/情感策略。

认知策略指的是学习者为了更好、更快地掌握所学知识和能力所采用的技巧，如记忆术、逻辑分析、综合归纳等。元认知策略是对学习过程的规划、管理和评价等。

社会/情感策略相对来说更为复杂，因为它涉及学习者的心理和情感层面，是学习者在与他人交往和合作时所采用的策略，同时也包括学习者对自我态度和情感的调整和控制的策略）社会/情感策略归纳为提问、合作、移情三项社会策略和减轻忧虑、自我鼓励、自我认识三项情感策略，这些学习策略应该作为教学内容的一部分列入教学大纲，只有这样才能系统、有序地对学习者进行学习策略培训。

（4）鼓励学生进行自主学习和体验式学习的实践。任何能力的培养都离不开个人的亲身实践。体验式学习以学习者的亲身体验为基础，抽象的概念经过学习者的体验和主观理解得以具体化、形象化，体验与反思、思维和实践共同构成学习的一个循环系统，促进知识的理解吸收、能力的培养和提高。

在正规学校教育中，学习者通常可以通过完成一些项目进行体验式学习，获取实践经验，这就是 Kilpatrick 所提倡的 project method。为了培养学习者自主学习能力，教师可以布置一些参与观察的任务或项目，让学习者以个人或小组为单位完成。为了完成这个学习任务，学习者必然要对自己的学习过程进行规划、管理和评价，同时也会采用各种学习策略，这样的学习实践是培养自主学习能力所不可缺少的。

五、自主学习与跨文化英语教学

自主学习能力的培养对于任何科目、任何形式的学习都是非常重要的，而在跨文化英语教学中，培养学习者的自主学习能力更是有特别的意义。一方面，因为跨文化英语教学的实施对学习者的自主学习能力有很高的要求，由于语言和文化的学习与其他科目（如数学、物理、化学、生物等）不同，它在很大程度上取决于学习者的主观认识和亲身体验,仅凭教师或教材给予的间接经验,不具备一定的自主学习能力,学习者无法完成从一个单一文化背景的人过渡到具备双文化(或多文化)知识和能力的人,更不可能掌握跨文化交际能力。因此,培养学习者的自主学习能力是进行跨文化英语教学的前提。另一方面,跨文化英语教学将提高英语交际能力和跨文化交际能力作为目的,以培养学习者的综合素质(包括立体思维和独立学习的能力等)为目标,这与自主学习能力培养的目标是一致的。从某种程度上说,跨文化交际能力的培养就是自主学习能力的培养,一个具备了跨文化交际能力的人一定具有较强的自主学习能力。前面几章关于跨文化英语教学目标、内容、原则和方法的论述已经充分证明,自主学习能力的培养是跨文化英语教学的有机组成部分。

第四节 学生跨文化交际能力培养途径

一、跨文化交际能力的基本要素

跨文化交际是一个多学科交叉、跨越性很强的新兴学科,这种跨越性决定了跨文化交际能力的立体性。跨文化交际能力是20世纪90年代针对跨文化交际人才培养提出的一种能力范式,它强调交际者跨文化敏觉力、跨文化意识和处理文化差异的技巧和灵活性。这三个部分不是孤立存在的,它们之间有着紧密的联系和层级关系,即跨文化敏感性处于最低层,处理文化差异灵活性处于最高层,跨文化意识则处于两者之间。换句话说,只有当交际者对各类文化差异萌生了敏锐的意识,才可能产生宽容的文化态度和交际的兴趣。面对不同的跨文化情景进行积极地自我调适,跨文化意识因而渐次增强,进而采取灵活自如的处理方式,由此达到很高的跨文化交际效能,据此我们可以看出跨文化能力的培养是由低到高、循序渐进的过程。

(一)跨文化敏觉力

跨文化敏觉力是跨文化交际能力基本要素的第一个要素。有学者指出,跨文化敏觉力代表跨文化沟通能力的情感面向,它代表一个人在某种特殊的情境或与不同文化的人们互动时情绪或情感的变化。跨文化沟通的情感面向特别指出,具有跨文化沟通能力的人,能够在互动之前、之中和之后,投射与接收正面的情感反应。这种正面的情感反应,最终会把当事人带到认可与接受文化差异的境界。这个过程正是发展跨文化敏觉力的过程。贝内特认为跨文化敏觉力是个发展的过程。一个人能够在认知、情感以及行为层次，把自己从我族中心的阶段转化到我族相对的阶段。

这个转化的过程包括六个阶段：（1）否认文化差异的存在。（2）对抗认知到的威胁以试着保护自己世界观的核心。（3）试图把差异藏匿在文化相似性的伞下，以保护自己的世界观。（4）开始接受文化与行为上的差异。（5）开始发展对文化差异的移情能力并成为双重或多重文化人。（6）能够把我族相对主义用到自己认同之上，而且体验到差异其实是人生很重要与值得愉悦的一部分。

文化差异的敏感性，不仅是对文化表层，而且更是强调对文化深层差异的识别能力。文化表层的差异显而易见，不需要特别的训练就可以识别，而文化深层的差异通常隐含在人们的行为和思想中，不易直接观察到。因此有意识地培养对文化深层差异的敏感性就显得尤为重要，这必须依赖于对不同文化的比较及对文化差异相关知识和经验的积累。

跨文化敏觉力是一个内涵丰富的能力概念，它包含了交际者的自信心、自适力、开明度、中立的态度以及社交的从容等相互联系的几个层面。

作为一个面对全新异文化的交际者，首先对自己的文化和自身素养要有很强的自信心，这种自信心使交际者在面临各种交际情景时采取乐观积极的态度，从而更易于接受他人和他文化，也较易于被对方交际者理解和接受。同时，自信心让交际者在跨文化交际中遇到挫折、误解或疏离时，能够相对自如地应对这些交际逆境，以更快走出交际困境。

跨文化交际的开明度意味着交际者要有多元文化心态，对异质文化应采取宽容理解并尽量去接纳的态度，而不是以自我文化为中心，以自己的文化价值观去衡量和评价对方交际者的言行。同时，开明度还包含交际者愿意适当解释对方不易理解和接受的自己的语言和行为，也乐于倾听对方在交际过程中的解释。其实，跨文化交际的开明度即是阿德勒在1977年提出的"多重文化人"。多重文化人能够接受不同于他们自己的生活形态，更能在心理和社交方面掌握住实体的多重性。换言之，跨文化敏觉力强的人，不仅能够了解一个观念，可以用多种不同的形式来加以表达，而且对世界具有一个内化与广阔的概念。这些都是开放心灵的表征，促使一个人愿意认可、感激，甚至接受不同的观点。这种处处为他人设想与承受别人需求的特性，在跨文化交流中就是相互确认与认可彼此文化认同的发挥。

自适力是指在跨文化交际中，交际者根据交际情景和交际时间不断地进行自我调节适应并进行有效交际的能力。研究表明，自适力强的交际者对周遭的环境和对方交际者的行动更敏感，能够迅速捕捉到交际中的可用信息以及交际中的变化并调整自己的言行，以尽可能完成交际任务，来达到交际目标。

中立的态度主要指交际者在真诚倾听对方交际者的言语时，能够主动摆脱自己文化带来的思维模式的定式，积极倾听对方的语言和意识，理解对方语言中的文化密码和交际意图。在对话过程中，尽量采用描述性而非评价性和判断性语言和态度，不以自己的文化价值为标准和依据去评论别人的行为，否则会产生文化偏见而导致民族中心主义。在倾听过程中，尽量不打断对方，必要时以点头或者眼神等身体语言与对话者示意，最后让对方感到心理愉悦和满足。

社交的从容是指在跨文化交际中不显露焦虑情绪的能力。在跨文化交际中，难免会遇到各种各样的交际困境和交际压力，交际者应具有良好的心理素质，不慌乱、不焦躁，能够摆脱交际困境带来的各种焦虑症状，如流汗、颤抖以及言语不畅等，以比较泰然的心态面对各种交际难题。交际的从容也利于交际者利用以往的交际经验和生活经验，在困境中发挥潜力而急中生智，战胜交际障碍，达成交际共融。

跨文化敏觉力较强的人在与来自不同文化背景的人交流时能更快地适应陌生环境，更有自信心，更能够以客观的态度看待文化冲突，并认真专注地倾听交际对象的交际意图，从而更快速地调整自己去处理交际中出现的挫折，更从容地应对跨文化交际过程中出现的各种障碍，以确保交际的顺利进行。

（二）跨文化认知能力

国内知名学者戴晓东在其论著《跨文化交际理论》中，把跨文化交际的第二个层面概括为认知过程，即跨文化意识。他认为跨文化能力的认知过程主要涵盖自我意识和文化意识两个方面。自我意识是指交际者自我监控或对自己作为特定文化成员即文化身份的感悟，文化意识是指对影响人们如何思考与交际的文化规约的理解。所谓"跨文化意识"，是指对不同民族国家之间的文化现象、文化规约和文化模式等的洞察和理解，对文化之间关系的领悟，并根据所领悟的对方文化特点来调整自己的语言和思维，以及据此产生的跨文化自觉性。跨文化意识的基础和前提是跨语言能力，而跨文化意识是跨语言能力的深度体现和非言语显示。交际者跨文化意识的形成意味着交际者完成从单一文化认同身份到多重文化认同身份的转变，交际者站在第三文化的高处观照世界各种文化，这样才能在千变万化的文化现象和千差万别的文化语境中应对自如而立于不败之地。

跨文化交际中的认知能力主要涵盖两个方面的内容，即语言能力和文化能力。用另外一种表述是言语交际能力和非言语交际能力。这是因为在跨文化交际中，运用的交际方式包括言语和非言语两种，其中言语交际正是语言能力的体现，非言语交际能力的高低则建立在交际者对双方文化背景的深刻洞察和理解上，非言语交际中的体态语、环境语、客体语以及副语言等无不包含着丰富的文化信息，交际者只有具备良好的跨文化背景知识，才能很好地处理这些非言语信息，从而进行有效交际。另外，言语交际中的盲区和误解常常存在，这些正是不同的文化背景和文化内部系统迥异所致，非言语交际恰好补充了言语交际的这种有限性和不足，两者相辅相成，使跨文化交际得以顺利进行，最后达到双方需要的交际效能。

（三）跨文化行为能力

跨文化交际能力的第三个基本要素是跨文化行为能力，即跨文化交际的灵巧性，是强调交际者进行有效交际的技巧和能力。根据戴晓东的论述，跨文化交际的灵巧性是指交际者实施交际行为、完成交际目标的能力。跨文化交际的灵巧性涉及言语和非言语信息，它包括信息的传达、自我表露、行为的灵活性、互动的管理以及社交技巧等方面。交际灵巧性是交际能力的一种体现，它反映出交际者怎样调动有限的语言知识进行交际的水平。在跨文化交际中，如果交际者能够灵活有效地运用交际技巧，就会克服语言水平和文化水平的限制，从而达到交际目的。

传递信息的技巧是指交际者根据自己掌握的语言和文化知识，运用合适的交际策略和技巧，熟练地传达交际对方可理解的信息的能力。它要求交际者不仅具有熟练的语言功底和深厚的双文化底蕴，还要求在以往的交际经验中练就良好的信息传达技巧，这样才能尽量避免产生由信息误读和文化误解而导致的交际障碍，保证交际的顺利进行。信息传递的效率与自我表露技巧的高低有着紧密的关系。自我表露就是交际者在面对交际对象时，以恰当的方式向对方坦露自我心意和自我情态。这种表露在特殊的跨文化交际场合流露和表达出来，具有很强的导向性，而非普通好友或亲人之间的随意表露，因此要谨慎表露、恰当示意，表露方式要显得贴切自然、不做作，还要考虑到对方的文化背景和语言水平，否则容易引起对方交际者的漠视或反感，甚至形成对交际者不利的刻板印象。同时，自我表露和信息传达的准确与否直接影响交际的有效性。得体的自我表露和准确恰当的信息传达也体现了交际者行为的灵活性。

交际行为的灵活性体现了交际者在各种交际场合中根据交际对象和交际时间不同而随机应变应对交际事务的能力，也体现了交际者交际策略选择的准确与迅速，同时交际灵活性也是交际敏觉力在行动上的体现和延展。有学者指出，高超的交际者能够运用灵活的言语提示，敏锐地捕捉对方的身份，并且适时做出调整，较快与对话者建立起良好的互动关系。

互动的管理是指交际者在交际中对互动局面的把握和控制，即在交际过程中，交际者适当控制交际节奏、说话顺序和交谈主题，适时地启动和结束对话。具有良好互动管理能力的交际者，能够调动交际场景中的各个交际对象，把握好会话结构，根据自己和其他交际者的交际需求粗略设计和转换会话主题，不轻易打断别人，并认真倾听他者，最后实现交际者的交际意图，达到交际目标。

在交际中，优秀的跨文化交际者既能够根据对方传达的信息快速有效地判断对方的身份，并对之进行有效维护，又能够准确定位自己在交际场景中的身份和代表的民族身份，以维护它为交际的原则之一。

二、跨文化交际能力培养的途径

根据我们前面对跨文化交际能力基本要素的分析，可以看出跨文化交际能力的培养分为三个层面。第一个层面是在接触和了解他国语言和文化时，不断加强交际者的语言功夫，丰富其文化积累，克服交际过程中易出现的两大障碍，培养交际者的文化敏感性，以提高跨文化交际敏觉力。第二个层面强调对语言和文化的深层认知，增强对他国语言以及背后的隐性文化和价值观的理解，这些方面的理解和感悟有助于交际者在交际中策略的选择，针对对方文化的异质性以及个人特性，做到有的放矢。第三个层面是培养交际者灵活运用所学语言文化知识应对和处理跨文化交际中出现的各种交际情景以及突发事件等，这是跨文化交际能力培养的最高层面和最终目标。要达到这一目标，必须培养交际者学以致用的能力，培养他们根据过去对外国相关文化的认知，积极参与跨文化交际实践，锻炼他们处理文化冲突的灵活性。由此可见，从跨文化敏觉力的培养到对语言和文化的深层认知，再到跨文化交际实践行为的训练，这三个层面既有一定的递进关系，又相互融会贯通、相辅相成。

（一）培养跨文化敏觉力

关于交际者跨文化敏觉力的培养，首先要做的就是克服两大障碍。因为在跨文化交际的初期总是存在一些交际障碍，主要障碍之一是刻板印象。这些印象和看法可能是正面的，也可能是负面的。尽管大家都知道刻板印象不可取，但要做到完全避免却不容易。刻板印象忽视个体区别，一旦形成便不易改变。它僵化了交际者的头脑，使得交际者不能客观地对待另一种文化，失去交际应有的敏觉力。在观察他国文化时只注意与自己的刻板印象相符合的现象，而忽略其他更重要的差异信息。它妨碍交际者与不同文化背景的人相处，不利于顺利开展跨文化交际。因此，必须尽量克服由于刻板印象带来的负能量。对教师来说，在文化课上应尽量避免用带有刻板印象的话语，并提醒学生注意普遍文化概念下的个性差别。因为在跨文化交际中交际者首先面对的是交际个体，然后才是其背后的民族文化。不能因为对整个民族的刻板印象而影响了交际者对具体交际对象的判断和决策。跨文化交际中的障碍之二是民族中心主义，即习惯以自己民族的价值观衡量其他文化，从自己的文化角度出发，以自己的评判标准评价对方交际者。一旦发现与自己的预期不同，就会对对方产生敌对情绪而引起文化冲突。有学者认为，所谓民族中心主义就是按照本族文化的观念和标准去理解和衡量他族文化中的一切，包括人们的行为举止、交际方式、社会习俗、管理模式以及价值观念等。

文化对比教学法是课堂上克服刻板印象和民族中心主义的主要手段，通过对比了解自己和他者各自的特性。文化对比教学法的实施要求交际者摆脱自身文化的约束，避免简单化的定式思维，将自己置于他文化模式中，在理性、平等的立场中感受、领悟和理解另一种文化。当然，对比教学法首先要求教师理解他国文化并选取典型文本解释其中的文化元素，帮助学生更充分地理解文本的语言信息和渗透其中的非语言信息，并与自己本土文化中的相应文化元素进行对照讲解，引导学生在解读过程中有意识地去寻找文化差异。

交际参与度是跨文化敏感度的最佳指示变量，意味着要想通过跨文化敏感度来提高跨文化交际能力，最有效的是加强交际参与度，从而对跨文化交际能力产生影响。因此，除了课堂上的对比教学法以外，教师还要鼓励学生积极参与具体的跨文化交际训练和实践，并努力为他们创造跨文化交际的机会，这是培养他们克服刻板印象和民族中心主义的最好途径。因为在具体的训练和实践中，他们能真切地感受到文化的多样性和同一文化不同个体的差异，逐渐形成多元文化观和开明的交际态度，从而尽量主动克服因刻板印象和民族中心主义而导致的交际障碍，从而形成良好的跨文化敏觉力。

综上所述，无论是为了克服刻板印象和民族中心主义带来的两大交际障碍，还是旨在培养交际者对语言背后文化的解读和参悟,形成较强的跨文化交际敏觉力,都需要课堂上教师有意识地进行文化对比教学和其他形式的文化拓展讲解法,更需要尽量给学生创造跨文化交际训练和实践的机会,这样才能让他们树立良好的自信心,能够在具体的交际情境中调适自我,从容地应对交际中出现的各种复杂状况,最后顺利实现交际目标。

(二)培养跨文化认知能力

跨文化认知是指交际者对他国具有独特风格和内涵的文化要素及文化特质等方面的认识和了解,其本质就是学习与把握异国文化。文化认知过程随年龄的增长会不断变化。培养跨文化认知能力不但包括培养交际者跨语言交际能力,还包括培养交际者的跨文化交际能力。语言交际与文化交际是不可分割的,语言交际是文化交际的一部分,它为文化交际服务并反映着文化交际。跨语言功夫和跨文化功夫也是相辅相成的。跨语言功夫除了包括对目的国语言的巧妙选择和熟练运用外,更重要的是对语言背后文化的解读和参悟,也就是在语言教学中渗透文化分析,培养学生逐渐深谙他国语言背后与自身语言不同的文化密码,以利于交际语言的选择和交际的顺畅。培养跨文化认知能力首先要加强交际者的语言功夫,在教学中要使语言教学与文化教学齐头并进,在输入语言基础知识的同时,也不忘相关文化知识的输入,从而加强学生对文化差异的熟识、理解和评判,以提高学生对文化差异的敏感性和跨文化意识。语言功夫主要体现在用词、句子陈述与主题选择的适当性上。

在跨文化交际语言能力的培养上,首先应该重视的是词汇层面。词汇是语言的基石,也是很多学生学习语言的难点。每种语言的词汇中都蕴含着丰富的文化信息,是该语言中最活跃的成分,也是文化最精密的汇聚点。词汇本身的新陈代谢映射了相关文化的发展信息。因此,教师在单词讲授的过程中,穿插一些跨文化交际知识,既利于培养学生的跨文化交际意识,又让枯燥的词汇学习变得生动有趣。讲解词汇时引用相关的谚语典故、名句等融入课堂就不失为一种有效的方法。

除了词汇教学以外,句子陈述的跨文化培养也很值得重视,老师在课堂上讲解句子的时候,不但要讲解此种句子的语体风格适合在什么场合下使用,还要分析这种句子适合用在什么身份的交际对象上。

另外,句子通顺与否、语法是否正确等也是教学中需要注意和训练学生的部分。首先,在语法学习中要领悟他国文化。要注意比较外语语法与汉语语法的异同点,不要受汉语思维特点的制约。其次,在学习语法结构时,要强调其文化和交际功能,如"Lovely day, isn't it?"只是英美人发起话题的常见语句,实无疑问,"would you please turn off the light?"不表问而是表请求。西方人提出的请求常用问句,以示礼貌,但若长辈对晚辈或熟人之间可用祈使句。第三,谈话中主题选择的适当性同样不容忽视,这也是对语言应用能力的一个综合性考验。在拥有了词汇层面和句子陈述等方面的跨文化交际基本能力后,交际中的谈话主题是否得当,是否符合交际双方共同的交际需求,是否能引起交际双方的共鸣,是否需要继续深入谈下去还是转换为更有价值的主题,这些都需要学习。应在教学中通过具体的教学情景的设置和相关教学视频的播放,教师适时训练、引导和鼓励学生在跨文化对话中对谈话主题进行恰当选择和适时转换。

培养跨文化认知能力除了要培养交际者的跨语言认知能力外,还要培养其跨文化认知能力,即跨文化意识。培养跨文化意识第一步就是要让交际者从观念上消除偏见和歧视,认识到文化没有优劣之分,以平等的心态对待各个民族的文化和人。培养跨文化意识的第二步就是拓展交际者的跨文化知识和眼界,树立多元文化心态和宽容的文化态度。培养跨文化意识可以通过以下途径来实现:

(1)在语言学习的听说读写各种技能训练中。首先,通过阅读外文资料感悟外国文化,在阅读中,多了解他国的科技、地理、历史和风俗等,熟悉他们的表达方式和风格,消除因文化知识不足而导致的理解障碍。其次,在外语听力中领悟他国文化。听力材料一般都是模拟的真实对话情景,因而听力训练过程就是一个跨文化意识培养的过程。要让学生知道交际中哪些话题应该避免,比如年龄、婚姻、薪水以及家庭住址等私人话题不应该作为话题。最后,在听的基础上要积极发言,主动参与到跨文化交际活动中,以提高自己在跨文化交际中的表达能力。

(2)在外语活动中体验外国文化,主动结交各国朋友。例如,组织外语角、学唱外文歌、看影视材料以及编演外语剧等。在这些活动中,学生身临其境地体验真实的外国文化,了解他们的风俗文化和民族禁忌。同时,教师应帮助学生分析自己文化中哪些方面对自己有利、哪些不利,然后再分析文化,分析其中哪些方面我们容易适应,哪些不易适应却易引起文化冲突,从而有意识地改变自己的行为模式,以利于跨文化交际目标的实现。

(3)在各种旅行活动中,主动积极地营造跨文化交际的机会。总之,我们对文化差异了解越多、体验越多,越容易对他国文化采取接受和宽容的态度;同时移情也有利于培养对文化差异的宽容性,我们一旦能从对方的角度考虑问题,就已经具有很强的跨文化意识了。

（四）培养跨文化行为能力

其实，无论对跨文化敏觉力的培养，还是对跨文化认知能力的培养，最终都是为了使交际者在跨文化交际中能够进行灵活交际，也是跨文化行为的灵活性，这三者不是彼此截然分开的，而是互相依存的关系。跨文化敏觉力的培养包含跨文化认知能力和跨文化行为能力，而跨文化认知能力的培养中也融入了跨文化行为能力，跨文化行为能力的培养势必以跨文化敏觉力和认知能力的培养为基础，并且是对这两种能力的一种巩固和融合。

跨文化行为能力即跨文化行为的灵活性，是跨文化交际能力的核心要素。它首先包括交际者能够根据交际双方的文化背景和个性特点，灵活地调整自己的交际策略和行为，尽量向对方的交际规则靠近（以不违反交际原则为前提），减少差距，营造和谐交际氛围，同时，灵活处理因文化差异而引起的文化冲突，在处理冲突时，交际者要善于运用恰当的语言以阐明自己的文化困惑，介绍本族文化行为规范，弄清对方的文化习俗，找出冲突的解决途径，达成共识，以便完成交际任务。学者陈国明在《跨文化交际学》中所述，跨文化行为能力包括信息传达技巧、自我表露技巧、行为的灵活性、互动管理以及认同维护技巧等五个方面。当学生学习了跨文化行为能力的五个要素之后，教师分阶段、有层次地组织跨文化实践是培养学生跨文化交际行为能力最有效的途径。

1. 跨文化交际角色扮演

首先，角色扮演是教师在条件有限的情况下采取的一种跨文化虚拟实践，角色扮演可以分成两人组角色扮演及多人组角色扮演。两人组角色扮演要求两人分别扮演不同文化国的两个具有一定职业身份（或者学生身份）的交际者，模拟一个实际生活或工作场景，基本设定交际流程主线，留出适度自由发挥的空间，完成一定的交际任务。多人组角色扮演除了在交际者人数上有所增加外，还可以分为两个文化国或多个文化国之间的跨文化交际。多个文化国交际背景相对复杂些，因此多人组角色扮演应该在两人组角色扮演训练到一定程度的时候开展，使学生能阶段性地增强跨文化行为能力。角色扮演的目的，在于让学生经由模拟的过程，面对并尝试解决跨文化交际中可能碰上的问题和障碍，通过信息传递、自我表露、互动管理以及移情等行为的训练，提高跨文化交际行为的技巧，增强跨文化行为能力。这个方法的优点在于把学生从旁观者变成参与者，使他们能够在模拟的跨文化环境里，亲身体验另一种或多种跨文化交际。

2. 跨文化交际互动实践

组织本校留学生和中国学生进行实际的跨文化交流，布置一定的交际任务，根据交际任务需求提供交际场所，并提醒中国学生注意跨文化交际能力五个方面的技巧，通过见面、认识、交流过程，老师观察学生在交际中的困惑、问题、冲突以及解决问题时学生表现出的焦虑或灵活行为。同时可以在学生不知晓的情况下把他们的交际行为摄录下来，在课堂上回放，有些交际失误学生会在观看中意识到，有些需要老师点出后给学生讲解，这样一个学期组织几次交际实习，每次针对不同的重点交际问题进行现场交际，学生的实际交际行为能力自然会得到提升，交际行为更加灵活，交际效能更高。在互动过程中尽量使用描述性、支持性的讯息。描述性的讯息指使用判断的态度，给对方明确、具体的回馈，支持性的讯息指沟通时同意或支持对方的看法并以点头、注视等动作技巧奖赏对方论点。互动实践的优点是来自异国的交际者比本国角色扮演者能够带来更真实完整的异国文化讯息和行为形态。

建议教师和学校应该多鼓励学生积极参加国际会议或跨国活动，尽可能提供学生相关方面的信息和机会，以增加学生跨文化交际实践的机会，让学生在实践中去体验和认知文化差异，进一步有效提高自身处理文化差异的灵活性。这些建议的实施必然能促成学生的跨文化交际能力和综合文化素质的实质性提升。

跨文化交际能力的形成有其阶段性、层次性，因此跨文化交际能力的培养也不是一蹴而就的，而是由表及里、由浅入深、不断发展深化的过程。教师要针对不同层次设计不同的教学方法和侧重点。

第五章 跨文化英语教学培养策略

第一节 英语教学中学生跨文化交际意识的培养

语言和文化密不可分，要让学生学到地道的英语，文化意识的渗透很重要。教师在教学活动中要通过显性的教学活动和隐性的潜移默化，来培养学生的跨文化意识，从而提高学生的跨文化交际意识。本文对英语教学中培养学生跨文化交际意识的方法进行研究，旨在为英语教学提供借鉴。

一、联系实际，创设交际情境

英语教学的根本目的是提高学生运用英语进行交际沟通的能力。因此，创设生活中的交际情境，可以激发学生运用英语的积极性，提高学生跨文化交际能力。在英语教学过程中，教师可引导学生进行情境表演，从而提高学生的交际能力。教师在课堂上还可以利用现代化的教学手段，活跃课堂教学气氛，提高学生英语学习兴趣，让学生在相应的场景下学会更好地使用英语进行交流，提高学生应用英语的能力。在教授教材内容时，教师可以结合生活创设交际情境，让学生应用英语进行交流，从而加深学生对英语知识的理解。教师还要让学生在真实情景中感受西方文化，提高学生跨文化交际的意识。例如，在教学中，教师在讲解相关内容之前，可以先为学生做示范，然后模拟购物的情境，让学生分别扮演不同的角色，将学习到的内容表达出来。学生可按照购买水果时的情境进行交际，还可以自行编造对话，使交流活动更加丰富多彩。教师可以扮演服务人员，通过与学生的对话，让学生更加清楚地了解西方文化背景下提供服务的方式，比如通常说"Can I help you?"。另外，教师还可以创设西方人过生日时的情境，让学生对西方人送礼物和拆礼物时的习惯进行了解，让学生在交流的过程中更好地了解西方文化。比如，送礼物时需要说："Please open and lock."，收到礼物的学生需要拆开礼物，并且及时回复:"Oh, how nice."。学生了解了西方这一习俗,在以后的交流过程中就可以更加自然、得体,防止出现错误。

二、增加阅读量,培养学生英语意识

英语学习仅靠课本内容是不够的,英语教师可以选择一些课外阅读材料提供给学生,组织学生在课堂上进行阅读,也可以让学生自己在课下进行阅读。这样,能更加有效地培养学生的跨文化交际意识。教师还可以为学生推荐一些简单而又具有代表性的书籍,让学生进行阅读。学生在不断地阅读中,会对西方国家的生活习惯、家庭状况、教育方式以及生活情况等有更加充分的了解。教师还可以组织学生在课堂上进行交流,强化学生对文化知识的理解。教师要对书籍中出现的东西方文化差异进行讲解,特别要注意哪些知识是学生容易出现错误的,哪些问题是学生应该重视的。教师可以引导学生对比中东西方文化内容,帮助学生更好地进行区分。比如,在中国,当人们受到别人称赞的时候,一般都会表现得比较害羞,不太好意思接受,总是很谦虚,但内心比较高兴;而在西方,人们一般都会直接接受别人的称赞,并且会对别人进行感谢。通过比较,学生可以更加清楚地了解东西方文化的差异。如 boss 这个单词,西方通常是指自己的上司,而在中国却用来表示自己的老板。东西方的语言表达也有差异,中国语言中的"那个穿绿色衣服的男孩是小华",如果翻译成英语就是"That boy in blue is Xiao Hua"。

三、重视词语教学,引导学生应用

词语是英语学习中的重要内容,也是基础内容,其性质和汉语中的词语相同。教师在培养学生跨文化意识时,必须重视词语教学,注重对词语的应用研究,让学生在不同的语境下可以正确使用词语。应用英语词语组成句子时,需要注意对语境、搭配、近义词以及反义词等的应用。不同的句子含义使用不同的词语,但是相同的词语可以在多种情况下使用。特别是一些英语词语和汉语中的意思十分接近,学生如果不能准确进行区分,那么在应用时就会出现错误。因此,教师应该将词语使用时的差异进行详细的讲解,以避免学生在使用时出现错误。英语的词语搭配就是一个重点,而一个单词具有不同的意思也增加了搭配的难度。比如 man 这个词语可以用来指男人,也可以指人类,它可以和 postman、policeman、teacher 等多个词语进行搭配。还有 many、much、lots of 这些近义词,都需要教师进行细致讲解,并引导学生加以区分。

随着国际化的深入，各个国家的文化在不断交融和碰撞，对交际产生了很大的影响，因此，培养学生跨文化交际意识尤为重要。在英语教学中，教师除了传授基础知识外，还要对其文化性质和特点进行分析，让学生能够更好地运用英语进行交流，提升学生的英语素养。

第二节　英语教学中的跨文化意识培养

在语言交际能力中，跨文化交际能力是非常重要的一项内容，而英语教学更是将学生跨文化意识的培养作为重要内容。本文主要针对跨文化意识在英语教学中的必要性进行探讨，并指出了英语教学中文化教学的重要意义，最后对教学中培养学生跨文化意识的有效途径进行介绍。

一、培养学生跨文化意识在英语教学中的必要性

如今对于大学生跨文化意识的培养和强化，已经引发了外语教学界广泛的关注。目前，我国高校英语教学的现状还是以语言知识教学方法为主。分析词汇、操练句型、讲解语法及翻译课文这些知识内容是英语课堂的主要内容，其他文化因素很少涉及。学生能够掌握大量的词汇、学会了语法，能够顺利地通过大学四六级考试，但是在真实语言环境下他们却难以很好地应对，经常会出现一些语法的错误。由此我们可以看出，英语教学中单纯的语言知识传授是难以满足学生成长需求的，需要将其与文化教学进行有效结合，这样才有利于学生文化障碍的消除，并使文化差异的敏感性得以有效提升，以促进学生跨文化交际能力的提升。

二、跨文化意识在英语教学中培养的有效途径

（一）阅读、赏析经典文学作品，提高文化素养

对于文学作品而言，它并非是单纯的一种语言艺术，而是作为一种重要载体。文学作品能够生动地反映一个民族的文化特点，是人们用于了解一个民族文化的镜子。文学语言是民族语言精华的体现，而文学作品则能够提供一个生动的语言环境，促进学习

者的学习。英语文学作品是对英美民族文化的体现。阅读英美文学作品，不仅能体会作者的真情实感，也能了解更多民族文化、风俗及社会关系。库柏以美国西部早期文化为内容记录了五部曲，阅读这些作品，能够对美国早期西部开拓者及印第安人的形象和生活境况有更深入的认识；狄更斯的作品主要围绕着生活困苦的贫民和无家可归的孤儿展开，读他的作品可以对维多利亚时代英国的社会状态有更深入的了解；而阅读莎士比亚的作品，则能使我们了解更多英国文艺复兴时期的文化及社会情况。经典文学作品之所以能成为经典，是因为其中蕴含着非常深刻的人生哲理，阅读这样的作品有利于自身文化素养的有效提升。无论是文学作品故事情节还是人物角色，都会对读者有很大的吸引力，学生在阅读时自然会对其跨文化交际意识产生影响。所以，作为英语教师，要合理支持和鼓励学生多多阅读原版英文作品，这有利于帮助学生对英美文化和民族有更深入的认识。

（二）开展中西文化比较讲座，体现中西文化差异

无论是哪种文化，都有其孕育、发展的独特环境，中国文化和西方文化的迥然不同就因其生成的环境不同。无论是中西文化的基本内涵、语言文化、思维方式，还是社会规范体系、艺术形式等都有着很大的差异。

在人与自然关系方面，中西方文化就存在很大的差异。中国人注重"天人合一"，强调人与自然的和谐相处，而西方则注重对自然的征服。在人的地位角度，西方文化认为人是独立的，有自己的意志和尊严，要对自己的命运负责；而中国文化则在群体中看人，将人作为社会群体的一部分，人的价值依存于社会群体的价值而存在。就构成方式角度看，西方语言为形合，其句子以形态规则和形式构成；而汉语为意合，其构成方式以语境和语义的因素为依据。由此不难发现，英语语言文化已经形成了一个系统而完整的体系，将文化融入英语教学中并不能短时间内就能实现。作为英语教师，需要有意识地提升自身的文化知识水平，并且要借助讲座的形式向学生传授。

（三）有效结合阅读教学与文化教学，开阔学生的视野

丰富的阅读一方面有利于学生视野的拓展，另一方面对于学生跨文化意识的培养也是极为重要的。为此，教师要积极引导学生阅读，推荐学生阅读一些原版并且内容丰富的作品或报纸等，并及时地给学生正确的指导。长期下来，学生的知识会不断地积累、丰富，不仅能提升考试中阅读理解的能力，实际交际环境中交流的能力也会得以有效的

提升，减少因文化知识缺乏而带来的困惑。

（四）开展主题活动，体验不同文化

主题活动也是学生学习的一种重要途径。教师可根据实际情况设计一系列的英语主题活动，使学生更"近距离"地体验西方国家文化艺术环境，这种方式更能加深学生对异域文化的感受。例如，可以以系为单位，定期开展主题文化节、创设英语学习角、举办英语戏剧演出、多种形式的英语比赛等，这些对于学生语言运用能力及跨文化意识的培养都是非常有利的。

第三节　跨文化交际能力与商务英语教学培养

随着国际经济活动的不断增加，人们已经注意到商务英语的重要性，因此高校需要加强商务英语教学，使商务英语专业的学生可以不断提高对外交际能力。在教学中，可以通过增加对外商务英语的内容、提高商务英语老师的教学水平、帮助学生积累商务英语应用经验等方法，培养学生跨文化意识，促进学生跨文化交际能力的大幅度提升，以满足涉外企业对人才的需求。

一、商务英语教学中重视跨文化交际能力培养的作用和表现

（一）商务英语教学中重视跨文化交际能力培养的作用

在高校商务英语教学中，因为学生的跨文化交际能力与商务英语应用水平有着直接的关系，所以需要培养大学生的跨文化交际能力。在经济全球化发展的今天，我国进行对外贸易的机会不断增多。经过市场调查发现，许多企业不仅需要拥有丰富的商务英语知识人才，还需要其了解西方的文化，顺利完成跨文化交际交流，促进经济贸易的完成。同时，商务英语教学的主要目标是使学生可以在国际商务环境下充分利用自身的跨文化交际能力，实现和同伴、合作者的顺利交流。在教学中，不仅需要使学生掌握商务交流的单词、句式等，还需要使学生了解大量有关商务贸易的知识，并且提供给学生丰富的实践经验，使学生最终可以在商务场合中完成工作任务。

(二)商务英语教学中重视跨文化交际能力培养的表现

要想使高校大学生的跨文化交际能力得到提升,就需要使其提高自身的跨文化意识。跨文化意识主要是在商务英语学习中意识到中西方文化存在的不同,在学习中注意区分中西方文化,使自己可以具备跨文化交际能力。中西方的文化差异主要表现为以下几个方面。

1. 在价值观方面

我国的传统文化比较倾向于"集体主义",即将集体的利益放在首位,最后考虑个人的利益,而西方国家则主要倾向于"个人主义",认为自我的成就更具有价值,个人利益需要放在首位。

2. 风俗习惯方面

中国人在见面的时候,习惯进行寒暄,然后再进入交谈主题,并且习惯在商务贸易中讲究人情。而西方人则喜欢直接进入主题,在商务贸易中以经济利益为主。另外,在交谈的时候,西方人对收入、年纪等隐私比较看重,不愿意别人打听。

3. 思维方式方面

西方人更加偏向理性的思维,而中国人的思维感性思维相对较高。通过在商务交谈中,西方人常常使用直接的语句,拒绝和接受的意味均比较明显,而中国人则偏向使用委婉的语句进行交谈,以避免出现双方关系恶化的情况。

二、高校商务英语教学的现状

为了使学生的能力可以适应社会发展的需求,许多高校在英语专业中增加了商务英语课程,并且也有不少学校专门设置了商务英语专业。但是因为商务英语的针对性比较强,而且发展时间比较短,所以教材和教学方面还不够完善,实践安排不完善,导致学生实际进行商务交流的机会过少,无法有效进行跨文化交际能力的培养。现在我国大部分高校在进行高校商务英语教学的时候,多采用英语知识加商务知识的教学模式,在这种模式下,学生只能掌握基本的英语和商务基本知识,而不能进行实际商务英语应用实践,这不但会影响到培养学生的跨文化交际意识的效果,也无法达到提高学生跨文化交际能力的目的。在进行对外商务交谈的时候,他们可能会无意识地以自身的思维模式和语言文化进行表达,容易导致不同文化之间发生碰撞,引发交流误会,影响商务活动的正常开展。另外,在实际教学中,许多中西方差异在商务英语教学中没有进行重点提出,而学生也没有在课外重视这方面的学习，容易使学生在商务交谈中出现错误，影响商务贸易的成功。所以在培养商务英语人才的时候，不仅需要了解商务和英语知识，而且还需要通过大量的实践活动，了解中西方文化的差异，使学生可以形成跨文化意识，实现跨文化交际能力的提升。

三、商务英语教学中跨文化交际能力培养的策略

（一）完善课程设置，提高学生的学习效果

在设置课程时，不能只关注商务英语课程，还需要在基础课上增加跨文化元素，使学生可以在日常学习中逐渐形成跨文化交际的意识。在英语专业教学的时候，口语课程多数由外教担任，这提供给了学生实际交谈的机会。学生可以在外籍教师教学过程中感受西方的文化，并且找出和外国人交流的技巧。随着商务英语学习时间的加长，可以在学习当中加入英美文学、英汉翻译等课程知识，使学生可以更加了解中西方文化的不同。同时在学习这些课程的时候，学生可以不断增加英美文学作品的阅读量，了解英美国家的历史文化，然后将其和中国的文化和习惯对比，可以有效提高学生在文化上的见解。而跨文化交际、语言学等课程，则可以使学生更容易进入西方国家的文化圈中，了解更多有关西方国家在礼仪、风俗、习惯等方面的知识，从而提高学生对西方文化的熟悉度。

（二）选择先进的教学模式，提高学生的交际能力

在进行商务英语课程教学的时候，需要改变以往过于枯燥的教学方法，充分了解学生的需求，多和学生进行交流，使商务英语的自由交际特点可以充分展示出来，帮助学生更好地进行跨文化交际。首先，可以进行商务情景模拟，例如可以进行模拟用餐、商务交际、沟通谈判等方面的模拟。在上课之前，可以引导学生上网进行思索相关情景的交际要求，准备好和他人进行沟通的语言，让学生可以在不同的情景中熟练进行商务英语交谈，增加学生商务交际的经验。其次，在课堂上，可以根据学习的进度，布置不同的商务情景，使师生均可以根据情景的不同进行不同的商务交谈，满足学生进行模拟实际场景的需求。最后，老师需要总结商务情景模拟的效果，对表现不佳的学生要及时指出其错误，对沟通交际用语使用良好的学生可以进行鼓励，可以提高学生对商务情景模拟的重视度，积极准备参与商务场景交际，以促进学生商务英语交际能力的提升。

（三）提升教师的素质，帮助学生进行对外交际

现在，许多高校的商务英语教师是英语专业的毕业生，其较少或者没有参与过商务活动，因此其在商务经验上比较缺乏，高校可以适当引进有涉外经验的老师或者进行多年商务英语工作的优秀工作者，以填补高校商务英语老师工作经验不足的缺陷。同时对过少商务英语交际经验的在职老师可以在工作之余到涉外企业进行兼职，不断提高自身的商务英语应用经验。另外，老师还可以参与商务英语有关的研讨会，吸取他人的教学经验，提高教学效率。而且有条件的老师可以在寒暑假等时间到国外进行生活或者进修，丰富自己的对外交谈经验，提高自己对中西方文化差异的了解程度，将其进行适当组织，然后将这些经验传授给学生，以提高学生的跨文化交际能力。

（四）增加教学资源，拓宽学生的文化视野

学生对西方国家的了解，对提高学生学习商务英语的效率具有重要的作用。因此老师可以组织学生查看相关的书籍和网站，让学生了解更多不同国家的文化、风俗、历史等方面的内容，不断提高其对外国文化的了解程度。在网络如此发达的今天，互联网成了学生最方便的自学途径。教师可以引导学生浏览一些国际商务方面的网站，及时增进学生对国内外商务动态的了解。在课外，可以通过讲座、座谈会等方法，和外籍教师进行交流，了解更多西方国家的情况，提高自身的交际能力。另外，在西方影视作品中，可以大量展示西方国家的具体情况，因此老师在教学中，适当播放有关教学内容的西方电影，尤其是涉及商务、职场的西方电影，来供学生观看，这对提高学生对西方国家文化的了解，培养学生的跨文化交际能力具有较大的意义。

（五）增加学生的实践经验，积累跨文化交际经验

为了提高学生的跨文化交际能力，可以鼓励学生合理利用课外或者寒暑假时间，接触涉外工作，甚至可以进入涉外企业、跨国公司进行实习，通过实际参与对外商务活动，了解对外商务英语使用的需求，积累更多的跨文化交际经验。同时，学校可以和相关单位联系，使学生可以有机会在各种展会中担任志愿者或者工作人员，直接和外国人士或者开展对外商务的人士进行交流，扩大自己的商务英语交际范围。另外，有条件的高校可以组织学生参与暑期国外社会实践活动，这样可以使学生在国外进行短期的工作，了解西方国家的生活习惯、交际方式、企业文化等，真正了解中西方在文化上的差异，减少自身在跨文化交际上可能出现的错误，提高自己的对外商务交际能力。

在社会经济不断发展的今天，国际商务往来的机会不断增多，使对外商务交易过程中商务英语的作用逐渐凸显。要想提高商务英语应用的效果，使用者不仅需要具备丰富的商务和英语知识，也需要充分了解西方国家的文化风俗，在充分了解文化差异的情况下，顺利完成商务英语交际的目标。因此，在商务英语教学中，需要加强西方文化等内容的学习，使学生可以具备跨文化交际能力，以满足企业对跨文化人才的要求。

第四节　跨文化交际下的英语词汇教学培养

跨文化交际指的是本族语者与非本族语者之间的交际，也指文化背景有差异的人们之间的交际。语言是文化的主要载体，传播文化的主要途径。语言受文化的影响，反过来又影响文化。不同的语言使用者，受其文化、历史背景的不同，对一个词的理解也有差异。教师在英语词汇教学中发现，许多学生在学习目的语时，遇到的障碍并非由语言知识形成的，而是由于缺乏对目的语国家文化背景知识了解，文化差异所导致的。因此，在高校英语专业词汇教学中，教师除对词汇表层意义讲授之外，更要深入挖掘词汇所蕴含的文化意义，深化词汇教学，更好地培养学生跨文化意识。

一、英语词汇教学

长期以来，英语教学中词汇部分都只是关于词的读音、拼写、词形变化、词义等表面层次上，如纠正学生单词发音，学习词缀或构词规律，对于词汇所隐含的社会文化背景知识知之甚少。大多数教师脱离语境，孤立地教词汇，很少提及词汇的文化内涵和外延意义。甚至有的人认为，掌握的词汇量越大，学习英语的效果就会越好。但往往事与愿违，实际学习中很多学生因为记不住单词而逐渐失去了学习英语的兴趣，学生难以树立学习信心，很大程度上也影响了他们学习英语的效果。因此在英语教学中，如何提高英语词汇教学，是我们每个英语专业教师都该认真思考的一个问题。

二、英语词汇的含义

英语词汇有两层含义，一是词汇的内涵，指的是概念的内容；二是词汇的外延，指的是概念所指对象的范围。通常情况下，词义可分为概念意义、内涵意义、社会意义等。其中概念意义为字典中可查到，意义相对稳定。而后几种被称为联想意义，在字典中查不到。因此英语词汇教学中，教师不仅要教授学生词汇概念意义，更要引导学生了解词汇其他联想意义。

三、教学策略

（一）在语境中学习词汇

利用词组语境学习词汇的外延意义。在不同的上下文中，同一词具有不同的外延意义。如 green，除基本意义"绿色"外，还有很多外延意义，如 greenbelt（环境绿化带）。又如 black，除本身意义"黑色"外，black eye（被打得眼圈发青）；short 除基本意义"短的、低的、矮的"外，还有很多外延意义，如 shortlist（决选名单）、short temper（脾气暴躁）。除此之外，还可以利用句子、段落及篇章语境来学习词汇的外延意义。也就是通过上下文的语言联系和内容来学习词义，采用这种教学方法，可以培养学生分析语言现象能力及提高其阅读能力，这是教学中较有效的方法。例如，如文章中出现以下词汇，but、however、whereas，学生便可判断出相反的语篇内容。

（二）对比英汉文化差异，加深词汇理解与运用

词汇除了有外延意义、内涵意义等还有社会文化意义。在词汇教学中，教师必须适当地导入文化背景知识。尽管在不同文化背景下找到对应词汇，但由于历史文化不同、思维方式不同，该词所表达的情感意义不一致，甚至不被另一种文化接受。

（三）教师文化内涵的培养

在英语教学中，教师在实际教学过程中起到主导作用，只有教师具备足够的跨文化交际知识，才能很好地培养跨文化交际人才。然而实际词汇教学中，很多教师没有英语国家的文化知识，很难在教学中对英语词汇学习起到很好的文化指导作用。因此，对教师具备英语国家文化内涵的培养是十分必要的。

除将我国英语教师输送到其他国家外，基于外语教学特点，各高校应适当引进外籍教师。因此，相应教育政府部门应为高校创造条件，引进高水平、具有很高跨文化能力，尤其是跨文化教学能力的外籍教师。

跨文化交际中，如不了解词汇的文化内涵，很有可能因为词汇的不当使用，导致交际失败。因此词汇教学中导入文化内涵意义，对于词汇的学习十分必要。

第五节　跨文化教学与英语专业学生人文素质的培养

根据教育部对英语专业学生具备人文素养和跨文化交际能力的要求，以文化文学为根本，回归人文精神成为培养外语人才的标准。教师在课内外的教学实践中可以通过中西文化文学对比的方法，来激发学生对人文知识的阅读和研究兴趣，使学生在学习掌握西方文学文化的同时也不忽视对本民族文学文化精髓的学习，培养人文精神和社会价值观，从而更有效地提升自身的人文素质。

一、跨文化课程教学及人文精神的输入

英语专业本科教学质量国家标准中指出英语专业学生应具备英语语言知识、英语文学知识、英语国家社会与文化、语言学、英语文学、区域与国别研究的基础理论和基本方法。这些知识无一不体现着浩瀚的人文精神和思想内涵。课堂教育是人文素质教育的基本环节，合理的课程设置是课堂教育的关键。通过生动有趣内涵丰富的文化文学对比课程，不失为传授人文知识输入人文精神的良好手段。通过给学生提供文化指引和文学熏陶的机会，可以让他们感受到语言学习背后博大精深的人文气息，也有助于自己人文素养的形成。作为文化传播载体的语言深深植根于文化之中，所以学习语言就要了解其扎根的文化背景，而英语专业学生学习外语的目的之一就是使用英语传播本民族文化，从而促进东西方文化交流。

在讲解到西方社会习俗方面的内容时，要鼓励学生多联想自己的文化习俗特点。无论是相近还是相远的习俗，都可以要求学生以个人或者小组的形式通过查找资料或者采访问答的方法列举出差异。每一种社会现象都有历史渊源，即便是问候语的背后也有着不一样的故事。由英语中常用的问候语联想到我们的习俗中最常见的问候语，还可以对不同地方的问候语进行比较，甚至将传统文化中彬彬有礼的礼数与当代留存下来的礼在进行比较，这方面的知识无疑会得到扩展。

人类的许多文化性格特点都是通过文学艺术表现出来的。在网络盛行的信息时代，能够沉下心来阅读文学经典的读者越来越少，文学教育受到了挑战。学生对文学作品是否有阅读热情很大程度上取决于家庭和学校的双重教育。教师的正确引导和恰当的对比教学，不仅可以帮助培养学生良好的阅读习惯，而且更会激发学生的阅读兴趣。在诗歌

赏析课上，如果欣赏到英国著名诗人奥登的关于月亮的诗歌，简单优美的语句和唯美深沉的意境很容易让人联想到我国唐诗宋词中有关月亮的唯美诗句，不仅可以让学生搜集整理这些诗句，而且还可以联系汉英翻译，再与奥登的诗句做对比，比较和欣赏诗歌的意境之美；还可以让学生进行诗歌创作。诗歌创作可以激发学生的创作激情，把对生活的理解和热爱体现在诗句中。另外还要鼓励学生多阅读优秀英文原著作品，这不仅使学生获得必要的文学知识，而且更重要的是培养学生的文学鉴赏力和审美敏感性，以及敏锐感受生活，认知生活的能力。更要鼓励学生阅读那些具有世界各国民族特色的文学作品，例如在学到有关民族性格的内容时，教师可以引导学生从各国文学名篇中寻找各国传统的民族性格特点，从《安娜·卡列尼娜》中寻找俄罗斯贵族和农民的影子，从《霍华德庄园》中寻找英国不同阶层民众的特点。要求学生撰写读书报告，对文本进行分析与质疑，提取作品的思想精华，同时也锻炼了自己的批判性思维方式，对自身的人文精神提升无疑具有促进作用。学生通过对优秀文学作品的阅读，不仅能扩充英语词汇量，增强学习英语的语感，还能积累国外的语言知识和文化常识。

文学还具有审美教育功能，因为它能再现生活，抒发情感。中西文化中的著名哲人如老子、庄子、尼采、叔本华和海德格尔都把艺术和审美境界视为人生的最高境界。借用英国著名历史学家阿伦·布洛克的一句话："艺术与人文主义有着一种特殊的血缘关系，人文主义不仅适用于文学和戏剧，还适用于音乐、舞蹈以及其他非口头艺术如绘画、雕塑、陶艺等。"广受大众欢迎的电影就是一门将各种教育、审美、娱乐和认知等功能有机融合在一起的艺术形式，通过电影艺术与文学艺术的良好互动可以带动学生品读中外经典欣赏中外经典的热情。因为电影内容涉及政治、经济、历史、天文、地理、自然、风土人情等，学生还可以通过电影接触到各个历史时期、不同题材、不同风格和不同形式的电影艺术作品，这些方法无疑可以促进学生掌握多方面的人文知识，领略人文精神，辨别真善美与假恶丑，形成健康良好的价值观。除此以外，还可以专门针对文学作品改编的中外电影进行分析对比，从人物塑造、情节改编、经典台词、背景音乐等环节进行赏析对比，可以作为多个小组项目来分时段完成，通过布置阅读和观赏任务来循环刺激学生阅读的兴趣，使学生的人文思想得到不断提升。除了比较赏析电影和文学版本以外，教师还可以借助音乐、绘画和雕塑的形式激发学生的想象力和鉴赏力，用中外艺术形式展现自己对文学作品或者思想内涵的理解，不仅可以引发学生参与的兴趣，而且可以提高他们的审美能力，以及与他人分享所思所得的交际能力。

二、课外实践与人文素质培养的方法

专业教师在课内教授的知识毕竟有限,还应在开拓更多的课外实践来加强跨文化交际的能力同时,也潜移默化地提升学生的人文素养。扩展知识面固然重要,但更重要的是跨文化交际能力的培养和人文思想境界的提升,这也是课外实践的重要目的,所以必须在课外延伸这种跨文化的学习实践活动。首先可以鼓励外籍教师发起读书会,由老师和学生共同参加。以阅读原版作品为主,规定完成时间和讨论主题,参加者可以用英语畅所欲言,充分表达自己对作品的理解,提取作品的思想精华并与中外读者一起分享,这种活动可以很好地锻炼跨文化交际技巧,因为在思想碰撞的同时总会涉及不同文化的内容,在口头表达和交际中收获的是思想精华。教师可以鼓励学生从网络上寻找由外国读者发起的读书会活动,也可以实现跨文化交际和提升文学素养的目的。作者亲自带领学生参加过这样的读书会,收获是多方面的。其次,在学校积极营造人文环境,让学生在情景中感受中西方文化,结合专业特色定期举办外语文化节,开展西方文化风情展,内容涵盖英语国家文学历史、民俗文化等人文内容的专题,引导学生掌握相关人文知识和思想;组织英语辩论比赛和模拟联合国大赛,以人文背景知识为辩论主题、训练辩论思路、逻辑、语言等相关实践技巧,锻炼学生用英语演讲演说的能力;组织文学知识大赛和原创作品大赛,进行散文诗歌等文学作品创作活动,以激发学生的人文情趣,增进他们的人文审美和鉴赏能力。所有这些活动都是在有意识地培养学生人文思想意识、逻辑分析判断能力以及综合文化素质。如果学生经常能在人文知识积累和语言逻辑演说的实践活动中得到充分锻炼,就一定会促进自身价值理念和人文素养的提高。还可以组织中外戏剧社,鼓励学生创作、编排、表演英文戏剧,主要是让学生体验和感悟文学和戏剧的艺术魅力,将戏剧所反映出的真善美等积极的人文精神展现出来,让学生领悟作品蕴含着的人生哲理,培养自身的文化敏感性和洞察力。

具有人文精神是人文素质的核心要求,扎实的人文知识基础、灵活的对比教学法和积极的人文意识,是提升人文精神的必要条件。人文素质的培养与提高是一项长期持久的任务。在培养和提高英语专业学生的人文素质方面,教师一定要发挥关键作用,积极引导和促进课内外的学习和实践活动,为提升学生的人文素养创造条件。教师本身不仅要积极改善和创新教学方法,更应树立终身学习的观念,养成多读书做笔记的好习惯,不断提高自身的人文精神和人文素养,只有这样才能积极影响着学生在提高人文素养的道路上越走越宽。最重要的是在跨文化对比教学中,学生应首先正确理解本民族文化,再积极学习掌握外国文化,在对比研究中树立对本民族文化的热爱的同时,通晓中西共有的人文价值观,从而具备理想的人文精神和人文素养。

第六节　需求理论视域下大学英语跨文化交际能力培养

跨文化交际能力的培养是英语教学的最终目标。从需求分析的视角剖析当下我国大学英语教学实践及教学目标与社会和个人对人才跨文化交际能力需求之间的矛盾,并从大学英语课程设置、教学内容、教学模式和考核机制等方面提出构建培养大学生跨文化交际能力的模型。该模型将跨文化交际纳入大学英语课程安排,将跨文化知识、跨文化意识和跨文化交际技能的习得并入大学英语教学与考核。

一、需求分析

需求分析指通过观察、访谈、和问卷等手段研究需求的方法,并整理和分析结果,采取有效措施,平衡课程设置。里克特首先提出了外语教学中的需求分析模式,指出了如何满足学习者在特定语言情境中的语言使用需求等系列问题。罗宾逊的目标情景分析模型和目前情景分析模型是国外教育界关于需求分析的两个基本模型,在此基础上形成了两个主要的需求分析内容:目标需求分析和学习需求分析。前者是学习者为在目标情境中成功交际所要掌握的知识和技能,后者强调的是学生在学习外语课程前的语言水平、学习态度、学习需求与期望等。需求分析最初应用于专门用途英语,随着研究的深入与扩展,发展到通用英语教学中。

近年来,研究者越来越关注我国大学英语教学中的需求问题。束定芳从宏观角度提出外语学习需求应包括社会需求和个人需求。王海啸基于学生、学校和社会三者对跨文化能力的需求分析,提出了基于个性化的有关大学英语教学大纲设计的需求分析框架。史兴松对驻外商务人员调查发现,相对于外语能力而言,跨文化交际能力的社会需求更为显性。

二、需求理论视角下当前我国大学英语教学目标与教学实践的矛盾

需求分析理论认为任何课程的开发,都要基于社会或学生的需求对课程进行设计和实施。这一过程中,设计人员和教师要调查分析学生的主客观需求,确定教学目标,进

行课程设计、教学内容和教学模式的安排。约翰逊认为需求分析是外语教学过程中首先要考虑的问题，是启动各教学阶段具体教学活动的基础。

（一）大学英语课程设置与教学目标相悖

教学指南明确规定大学英语教学目标是提高学生的语言应用能力和自主学习能力，增强跨文化意识，培养跨文化交际能力和综合文化素养，但是，各级院校的课程安排与这一目标不完全一致。当前，高等教育体制下的英语课程安排仍然为应试服务，各类高校的大学英语课程设置多为两年制，有的院校甚至只安排一年大学英语课程，还压缩课时量，在两年制大学英语课程中总学时不超过300学时。这样的课程安排无法兼顾应试与英语语言应用能力和跨文化交际能力的培养。此外，各高校对非英语专业大学生没有开设跨文化交际课程。

（二）教学模式与学生对语言应用和跨文化交际能力需求之间的冲突

根据教学要求，大学英语教学是一个集多种教学模式和教学手段为一体的教学体系。在大学英语课程设置时间短、学时少，并以通过英语四、六级考试为基本目标的前提下，教学模式仍以教师、教材为中心的语言输入和练习为主。一线教师往往凭个人理解，在课堂时间允许的情况下向学生简单介绍相关文化知识。大学英语教学改革所倡导的以学生为中心的多模态教学模式，在具体的教学活动中并没有得到有效实施。

2014年，我们对来自全国各地参加外研社组织的大学英语教学研修会的119位大学英语教师进行了相关调查。87%的大学英语教师反映所在高校大学英语自主学习实验室的设备绝大多数时间处于闲置状态或者变成机房使用，只有18%的大学英语教师参加过跨文化交际培训班的学习。绝大部分教师的跨文化交际能力仅限于不同渠道的自学。有72%的教师反映所在院校的教学模式与教改前并无实质性变化。老师们在短学时内无法兼顾语言知识与语言应用能力和跨文化交际能力的培养，普遍感到心有余而力不足。很多学生尤其是重点高校的学生有良好的语言基础，大学第一学年就能通过英语四、六级考试，第二学年的英语课程对他们来说是浪费时间。语言基础较差的学生感觉高考之后又陷入新一轮的考试备战中，重复以前的学习模式和心态，苦不堪言。总体来看，无论是教学模式还是教师本身的文化素养，都不足以满足社会和学生对英语学习及跨文化交际能力培养的需要。

（三）考核机制与社会对人才跨文化交际能力需求的矛盾

在全球化背景下，多元文化交际不断渗透到社会生活的各领域。培养大批具有国际化视野、能够参与国际事务和国际竞争的人才，既是保护我国本土文化的需要，也是国家和社会发展的需要。史兴松研究发现96.8%的跨国公司认为员工的跨文化培训背景非常重要，跨文化交际能力与外派适应、工作绩效存在高相关性。国际化人才的培养需要大力提升学生的跨文化交际能力。

三、需求理论视角下大学英语跨文化交际能力的培养

（一）课程设置上要开设跨文化交际英语课程

尽管有学者认为文化能力的培养应与语言能力的培养同步进行，但是在汉语环境下，受阶段性教学目标和学时的约束，也难以同时兼顾外语教学和跨文化交际能力的培养。教学指南提出大学英语课程设置要充分考虑语言学习的渐进性和持续性，注意处理好英语教学与跨文化交际教学的关系，处理好必修课与选修课的关系。应在现有大纲的指导下重新审视和安排大学英语课程，分阶段和梯度对语言教学和文化能力的培养给予各自的权重。

建议在此基础上将培养跨文化交际能力正式纳入大学英语课程设置，大胆进行课程改革，将两年制大学英语课程设置延长至四年，分为前期课程和后期课程。前期课程为第一学年课程，安排以巩固和强化学生的语言知识为主，毕竟语言是跨文化交际的基础。同时，结合语言教学对学生进行跨文化知识导入和跨文化意识熏陶，教学模式主要以增加与巩固语言知识和应用为主的交互式输入、输出教学模式。从第二学年开始，大学英语进入后期课程学习，可以根据学生的实际需要将大学英语课程变成选择型必修课，开设"专门用途英语""学术英语""英美文化概况""跨文化交际学""实用英语口语""跨文化交际实践""出国英语培训"等课程，供学生根据个人职业规划和学习需要选择。课程重点是跨文化知识、跨文化交际策略的学习和交际技能的培养，教学模式采用以交际实践为主的多模态大学英语教学。

（二）增加语言教学中跨文化意识的培养和跨文化知识的熏陶

由于语言和文化所存在的内容与表征的特殊关系，大学英语教学离不开文化语境的影响，外语教学本身兼具跨文化交流和互动。在具体的英语教学活动中，外语教师应

将语言教学和语言能力的培养置于更广泛的文化背景中，形成开放的自我定位和全球心态。跨文化意识、知识和交际技能是跨文化交际能力中最基本的三要素，在实践教学中把这三要素的培养贯穿于英语教学，需要从教师和教学资料两方面入手，双管齐下。

首先，教师要彻底改变以往以语言知识输入和练习为核心的大学英语教学模式，关注英语教学中文化意识的培养和文化知识的熏陶，具备跨文化意识和一定的跨文化知识是跨文化交际活动的前提条件。文化意识的培养不能与语言教学分开。跨文化能力框架下的英语词汇学习不能停留在词汇的拼写和构词法的了解上，应进一步理解词汇本身所承载的文化内涵；语法知识和篇章也不例外，语法规则和篇章结构受特定文化背景下人们思维方式和价值取向的影响。因此，发掘词汇、语法和篇章等语言层面的文化内涵，将文化因素贯穿到语言教学中，也是提高学生跨文化意识、丰富跨文化知识的主要途径。

其次，教师对教学资料和技术手段的利用非常重要。中国文化语境下的大学英语教学应从师资和教学资料两方面来提供更真实的文化背景材料，创设间接语境，使学生在模拟的多元文化环境中汲取更多的知识。可以聘请外教或者有较长时间的国外留学或任教经验的教师来讲授跨文化交际课程，同时教学资料不拘泥于教科书。哈佛、斯坦福等世界一流大学都在网上开出文化、文学等公开课，利用翻转课堂和MOOC的形式让学生在生动、真实的语境中自觉地增加跨文化知识，提高跨文化意识。结合其他相关的阅读资料、英语电影、电视和网络媒体等资料为学生创设文化体验空间，让学生了解具体的文化内涵，丰富文化知识。培养学生多元文化意识，提高其文化调适能力，培养其为"多元文化人"。同时，在跨文化交流和学习中教师要引导学生用比较的方法培养文化批判意识，坚定自己的文化立场，使其更清楚自己的文化身份。

（三）探索大学英语后续课程中跨文化交际能力的考核方式

跨文化交际能力的测试在国内尚无可以依据的权威标准。查阅中国知网，发现有关跨文化交际能力测评与考核方式主要是从实证的角度，对部分群体的跨文化能力进行测量。屈妮妮、窦琴用陈国仁教授和斯坦普教授开发设计的跨文化交际敏感测试量表，对西北农林科技大学的大学生进行了跨文化交际能力和跨文化敏感度的问卷测试。钟华、白谦慧、樊蕤蕤从实证的角度初步构建了中国大学生跨文化交际能力自测量表。杨洋通过专家访谈、调查问卷和大规模测试的方式，比较综合地对不同群体进行了跨文化交际能力的测试。以上测试能比较客观地检测少部分群体的跨文化交际能力，但是不适合作为对全国范围的大学英语跨文化交际课程的考核方式。我们认为跨文化交际能力如同个人的交际能力一样，涉及的因素多而杂，语境依赖性极强，难以操作，而且没有必要对大学英语跨文化交际能力进行如同英语四、六级一样的标准化考核。

"跨文化交际学"等相关课程属于大学英语后续课程，教学内容和方式要以趣味性、实用性为主。其相应的考核方式和要求要有别于大学英语前期课程中严格的语言知识考核形式。教师可以从学生的跨文化知识、跨文化意识和跨文化交际策略的掌握等方面，参照现有的、适用性较强的跨文化能力测试量表，结合具体教学内容，自主命题；可以将理论考试与交际实践结合起来，将情景模拟、案例分析与讨论等教学形式应用于课程考核，易于操作，实用性强，能够达到教学目的。

经济、科技全球化和多元文化的融合将使跨文化交际成为一种常态，跨文化交际能力既是社会发展的需求，也是国际化人才和个人发展的必备能力。培养大批符合社会发展和个人需求，能够参与国际事务和国际竞争的国际化人才将是大学外语教学的使命。在汇集千万人才的中国高校，大学英语教学应将外语教学与跨文化教育融为一体，有计划、有梯度地安排。各高校应按照教学要求和教学指南对人才跨文化能力的目标要求，从课程设置、教学方式和考核机制等方面系统地规划大学英语教学安排。前期课程在巩固学生英语语言知识的基础上，丰富其跨文化知识，提高其跨文化意识和跨文化敏感度。后期课程以进一步丰富学生跨文化知识，取其精华，弃其糟粕；结合多种教学模式，掌握跨文化交际技能和策略，明确自己的文化立场和文化身份，提高自身文化调适能力；辅以实用性的考核方式，检验和巩固学生的跨文化交际能力。

第七节　高校英语翻译教学中的跨文化意识培养

跨文化交际主要是指学生在运用英语与外国友人进行交流和对话的过程中，可以充分结合对方文化背景、民风民俗、语言习惯的差异性，完成得体而有效的沟通，其是学生英语综合素质的重要体现。在大学英语教学中，翻译教学是其关键组成部分，而翻译能力也是当代大学生必须具备的一项技能，其体现了学生英语素质和应用水平，也是我国素质教育对学生提出的英语学习要求。同时，从当前的大学英语教学现状来分析，翻译教学没有对跨文化意识过于重视，只能简单地重视学生的词汇丰富量以及翻译的准确性。而在新的经济形势下，社会对学生英语翻译能力的要求也在不断提升，如果缺少跨文化意识，会导致英语翻译出现不准确的情况，对翻译质量和数量都带来直接影响。在社会人才竞争日趋激烈的背景下，社会需要具有丰富英语知识，掌握英语国家文化特征、价值理念、民族心理以及生活习俗等交际知识的复合型人才。因此,如何通过翻译教学对学生跨文化意识进行培养,是当前大学英语面临的关键问题。

一、文化与语言两者的关系

翻译主要是指利用一种语言准确地表达和阐述另一种语言含义的行为。语言作为民族文化的关键组成部分和呈现载体,既是文化的一部分,同时也是传播文化、记载文化以及交流文化的重要方式。由于不同民族的风俗习惯、文化背景、审美理念存在较大的差异,其文化在发展中的形态也各不相同,进而导致各个国家的语言习惯和形式也千差万别。在世界经济一体化的大背景下,各个国家在诸多领域的交流也更加频繁,翻译成了促进国家与国家之间有效沟通的重要方式,只有准确以及真实地将其他国家的语言翻译出来,才能起到文化与经济交流的作用。由此可见,文化是语言的重要形态,而想要做好翻译工作,首先要掌握该国家的文化,这样才能将语言合理、完整以及准确地翻译出来。

二、在英语翻译教学中培养跨文化意识的积极意义

(一)有助于理解原文

通常情况下,英语翻译主要有三个阶段,即校验译文、表达译文以及理解原文,其中理解原文是翻译的前提和基础,翻译者只有准确以及全面地把握原文意思,才能正确地将原文翻译出来,并且传递原文所体现的内涵和意蕴。但是理解原文并不是单纯地停留在字句表面含义上,除了把握原文语言层面外,还要加深对原文深层含义的理解,例如文章宗旨、情感表达以及文化背景等。掌握以及了解原文的深层含义,对翻译质量具有直接影响,如果不能把握原文深层含义,只是停留在文章表面进行直接翻译,就很可能会扭曲和改变原文意思,进而导致翻译徒劳无功。因此,在大学阶段开展英语翻译教学,教师要注重对学生跨文化意识进行锻炼和培养,帮助学生了解英语国家的文化背景,在掌握其文化精髓的基础上开展翻译活动,有助于学生掌握和了解原文含义,以西方文化和思想体会原文所包含的深层含义,进而将文章全面、准确、完整地翻译出来。

(二)有助于优化表达

英语翻译具有较强的系统性、整体性和结构性,并不是单纯地将英语材料的语句和

词汇直接转化为汉语语句和单词,如果学生没有结合文化差异和材料内涵,对其进行直接翻译,会导致翻译语言过于生硬和形式化,不仅缺乏语言韵律的美感,而且也无法准确表达原文的意义和内容。同时,在当前的英语翻译中,很多学生更加习惯运用汉语思维来衡量英语文章,没有从西方人的思维角度来看待问题,翻译的句子缺乏美感,给人一种机械而生硬的感觉。培养跨文化意识可以加深学生对英语的感性认识和深层体会,在翻译活动中,以西方人的审美观和视觉衡量译文,有助于优化表达,来带给人们以语言美的感受。

(三)符合国际发展需要

当前,随着我国经济、文化、社会的蓬勃发展,我国与世界其他国家在诸多领域中的交流也更加频繁,全球一体化已经成为国际发展的未来趋势。英语是国际通用语言,在国际交流中起到关键的作用,在经济全球化的大背景下,英语的使用和普及已经成为重要趋势,英语能力已经成为我国对现代人才的一项重要素质要求。在国际交流日益频繁的同时,也要求人才具备较强的翻译能力和交流能力,而传统的固化英语学习模式,已经难以满足时代的需求,学生只有具备较强的跨文化沟通能力,才能提升交流的有效性和准确性。因此,培养跨文化意识是当前我国高等教育英语教学所面临的重要问题,其符合国际发展需要,也符合现代人才竞争的需求。

三、通过翻译教学培养学生跨文化意识的相关路径

(一)重视西方文化

教师应提升学生对西方文化的重视程度,让学生清晰地认识到,翻译并不是单纯的词句转换,而是不同文化的相互渗透和影响。在开展翻译教学的过程中,教师要对学生进行科学的引导,客观而平等地看待中西文化在诸多方面的差异,以一种平和的态度去理解西方文化。同时,在翻译活动中,英语教师在传授给学生相关翻译技巧的同时,要注重渗透西方文化,让学生对西方文化具有形象而直观的认识,并且在了解他国文化的同时,学会尊重不同民族的文化和风俗,进而在未来的学习和翻译中,可以正确而科学地运用英语阐述自己的观点和看法。

（二）强化教师素质

教师是翻译教学的重要组织者、参与者和知识传授者，作为一名现代的英语教师，需要在掌握汉语文化精髓的前提下，具备较强的英语能力、英语素质以及宽广的英语视野，熟悉西方文化和民族风俗，只有具备较强的文化意识观念，才能更加清晰地洞察中西文化存在的差异，进而完成对学生跨文化意识的有效培养和引导。因此，英语教师需要在平时加强学习，以传播英语文化为己任，在教学中为学生讲述英语国家的语境习惯、价值规范、社会历史以及人情风貌，激发学生对英语文化的探索欲望，了解英语背后的社会属性和文化底蕴，切实提升学生的翻译能力。

（三）创新教学模式

当前，翻译教学更加侧重于对学生翻译技巧和词汇丰富量的锻炼和提升，以单元为主题，强调英语语法、语音以及语调翻译的准确性，注重词汇使用和搭配的训练，而这种教学模式陈旧，注重对学生翻译技能和应试能力的锻炼，忽视了翻译中最关键也是最基本的文化因素。同时，教师主要是以讲述式的手段开展翻译教学，虽然可以巩固学生的英语基础，但是却难以对学生素质进行综合锻炼，没有认识到中西文化的差异与不同。因此，教师一定要对教学模式进行创新与改革，在教学中渗透英语文化知识，以提升学生的英语文化意识。

例如在翻译有关圣诞节英语材料的时候，教师要有意识地向学生讲解有关圣诞节的知识，并且传授给学生相关词汇，例如 roast turkey（火鸡）、reindeer（驯鹿）等，通过翻译教学将英文文化有效传授给学生，帮助学生理解西方人的节日传统和文化色彩，进而对学生未来的翻译有所帮助。同时，教师还要改变传统的固化教学模式，加强与学生的课堂互动，并且积极探索符合学生个性和时代需要的全新教学手段，在实践中完成教学的创新与改革。

（四）加强文化理解

文化具有顽强的生命力，其是人类社会在逐渐发展与演变中所产生的重要精神意识，其对人们的行为和思想具有直接影响，很多人在接触其他民族和国家文化的过程中，往往受到自己民族文化的潜在影响，经常用本土文化去阐释和解读其他国家的文化。例如"Her beauty is beyond description"，很多学生受到本土文化的影响，直接将其翻译为"美若天仙"。当我们用汉语文化去解读的时候，也会十分认可这一翻译，但是通过英语文化的视角去分析，其实翻译与原本意义存在很大的差异，而导致这种情况发生的主要原因在于，西方人和东方人对美的理解和感受存在不同。例如我国诗经中，其经常用峨眉、凝脂描写女子的美，而这种词汇如果直接翻译成英语，西方人很难理解女人为什么会长成这副模样。因此，不同文化背景下，对美的理解和感受也存在较大的差异。在具体教学中，教师要引导学生加强对西方文化的理解，进而才能准确进行翻译。

（五）强化移情能力

在翻译教学中，教师要注重强化学生的移情能力，文化移情是指交际主体具备一定的跨文化意识，在转换语言的过程中，可以有意识地尊重对方的文化背景，摆脱本土文化的思想制约，置身于对方文化的背景下和模式中，理解、感悟以及感受另一种文化。在培养和锻炼学生跨文化意识的过程中，移情能力与交流对象的情感、文化、语言具有纽带和桥梁作用，也体现了学生的沟通能力、艺术和技巧。

强化学生的移情能力有助于学生形成跨文化意识，因此，在翻译教学中，教师要有意识地引导学生正确认识中西文化的差异，并且在具体翻译中，可以避免由于文化差异所导致的翻译错误，进而强化学生的翻译能力。例如在中国，面对他人的表扬和赞美，我们会使用一种较为谦逊而低调的语气和语言，来表现对他人的尊敬和自身的含蓄，但是西方文化却与我们截然不同，西方人在面对他人赞美的时候，会欣然接受并且感谢，如果在翻译中只是简单地进行字面翻译，难以全面地表达含义，需要学生具备较强的移情能力，才能贴切地表达出原文的含义。

（六）把握词汇内涵

词汇是英语学习的重要基础，也是对话交流和英语翻译中的最基本单元，在以往的大学英语教学中，词汇教学仅仅关注词汇的字面意义、词形变化或者读音，而对词汇所代表的文化内涵、文化背景没有给予重视，对优化学生的翻译能力十分不利。因此，在翻译教学中，教师要优化词汇教学手段，将其提升到英语文化的层面，促使学生认识到词汇文化的重要性。在不同语境下，相同的词汇可能存在截然相反的理解，例如Maghie 一词，喜鹊在我国具有吉祥的意义；但是在西方国家，其却是代表了小偷。而由于二者的含义不同，如果学生利用汉语思维去翻译，难免会出现贻笑大方的尴尬局面。因此，教师不仅要教授学生词汇的含义，还要挖掘词汇所蕴含的文化因素，避免学生在翻译中出现词汇的使用偏差。

（七）加强课外实践

语言学习是一个系统而复杂的过程，如果单纯地依靠课堂时间，难以收到良好的效果，因此，在翻译教学中，教师要组织学生开展课外实践，通过各种课外活动，以丰富和提高学生的翻译技巧与能力。首先，教师要在校园内创设良好的英语翻译环境，举办英语文化节、演讲比赛等实践活动，鼓励学生在平时多阅读英语书籍和英语报纸，观看英语电影，扩宽学生的英语视野，通过英语读物了解西方国家的风土人情和民族民俗；其次，教师要发挥互联网的作用，将网络打造成为培养学生跨文化意识的第二平台，利用网络收集有关英语国家文化与风俗的资源，并且上传到网络中，学生可以随意下载和阅读。同时，高校还要积极寻求与国外学校的合作，共同搭建英语学习平台，借助国外大学的资源优势，不断更新平台信息，进而提升学生的英语综合素质。

第六章 跨文化英语教学与课程设计教学模式创新研究

第一节 跨文化交际课程中的 Seminar 教学模式建构

本节将 Seminar 教学模式引入到跨文化交际课程中，探讨了 Seminar 教学模式实施的可行性和必要性，并设计了具体的实施步骤。研究发现，Seminar 教学模式能激发学生的学习热情，提高自主学习能力、批判性思维能力和跨文化交际能力，符合英语专业创新型人才培养的目标。

一、问题的提出

随着跨文化经济和社会的交往日益频繁，国家之间的相互依赖日益加深。由于语言、文化背景、思维方式、生活习俗的差异，跨文化交际能力成为国际交流的重要因素。跨文化交际能力包含"文化知识、解释和关联技能、探索和互动技能、态度、跨文化敏感度"等相互关联和相互作用的因素。为适应时代发展的需求，我国许多高校的英语专业单独设置跨文化交际课程，凸显跨文化交际的重要性。

跨文化交际是 20 世纪 60 年代源自美国的一门交叉性学科，20 世纪 80 年代跨文化交际学引进中国，开始受到教育界的重视。跨文化教学旨在培养学生具备国际视野和包容心，在熟知多种文化的基础上能客观评价本土文化和外来文化，具备文化观察、文化阐释的能力和批判性思维能力，最终将知识应用到跨文化交流中去。那么，在跨文化交际的课堂上，教师如何突破知识灌输的瓶颈？教学方式如何改进？知识与交际能力之间如何进行转化？课堂教学如何提高学生跨文化的实践能力？这些已经成为跨文化交际课程教学中急需解决的问题。

二、Seminar教学法

Seminar一词源于德国大学的教学组织形式，指学生的论文研究发表会。这种教学形式的特点是：教学研讨以某个"主题"展开、教学对象主要为高年级学生、教学班级规模较小。20世纪80年代，以学生为中心的Seminar教学范式成为美国高等教育改革的一项重要举措，要求学生不但要成为知识的接受者，还要成为知识的探索者、创造者。Seminar教学的基本程序是：①确定选题。首先由教师规划好本学期的教学内容，设定各章节的主题，然后遵循学生的研究兴趣，自主选择具体的研究主题。②自主学习。学生的任务是依据教师提供的参考书目来阅读主题内容、独立思考、撰写主题论文。③课堂讨论。负责主题单元的学生需要综合分析国内外的研究状况，阐述研究的主要思想和观点，解答其他学生提出的问题。学生们在交流中可以拓宽研究视野，并深化对主题的理解。④论文反馈。在课堂展示和讨论之后，教师需要及时反馈意见，同时学生要对别人的研究论文提出自己的意见。

三、Seminar教学法在跨文化交际课程中的应用

（一）Seminar教学法实施的可行性

跨文化交际课程面向的是大三英语专业的学生，学生具备相对扎实的知识基础、成熟的思维模式和自主学习能力。英语专业的班级基本上是不超过40个人的小班，这为Seminar教学法的实施提供了良好的环境。跨文化交际课程具备很强的实践性和应用性，知识内容繁多，涉及面广，依靠教师单一的课堂信息输入无法满足学生实际的交际需求，学生必须具备主动获得问题、分析问题、解决问题的能力。Seminar教学法以"主题"为中心，鼓励学生查找资料、树立观点，独立展开研究，并能就自己的研究成果与同学和老师进行探讨，这将大大有利于学生研究能力和思维能力的发展。

（二）Seminar教学法实施的必要性

在目前的跨文化课程教学中，存在一些教学模式弊端，如教师主要通过单向的教学来传授各国不同的文化知识，忽视对学生的跨文化感知能力和批判能力的培养；教师依旧是课堂的中心，学生依赖课本、主体地位未落到实处；教学评价体系直线化，不够立体全面，只看重学生掌握知识的内容与熟练程度。这种教学模式不利于跨文化交际能力的培养，纯

记忆式的被动接受知识在信息时代"无法生存"。教师如何找到学生的"最近发展区",刺激学生的学习欲望,发挥支架的作用,为学生提供发展交际能力的空间,关键要鼓励学生主动地去研究、探索和分享,并把这些知识和方法创造性地运用到跨文化交流中去。

(三)跨文化交际课程中 Seminar 教学法的实施步骤

1. 第一步:准备研究选题

笔者选用的教材是许力生主编的《新编跨文化交际英语教程》,全书以不同的主题为线索,共分为 10 个主题单元,如文化与交际、语言与文化、跨文化言语交际、跨文化非言语交际、跨文化适应等。该课程共 48 个学时,每个主题约占 4 个学时,另外 8 个学时用来教师的示范和总结。在第一周的课程中,教师向学生讲解教学内容、计划安排,让学生了解跨文化交际的基本内涵、学习目标、论文的写作要求以及 Seminar 教学法的操作过程,并将全班学生分成若干个小组,每组 3~4 人,组长 1 名,负责本组研究任务的具体分配。每组的研究主题为不同主题单元,主题单元分为不同的子单元。以"跨文化非言语交际"主题为例,可以分为"手势""表情""眼神""姿态""身体接触"等子单元,学生有一周的准备时间,按照不同的研究任务,依据教师提供的与主题相关的参考文献,去查阅资料,撰写论文。在自学为主的准备环节中,学生必须调动内在的非智力因素,积极参与,克服惰性、提高意志力。

2. 第二步:课堂展示

各小组课前对主题的研究程度可以直接从论文报告体现出来。每组由一名同学作为代表对指定的研究题目进行陈述,并用 PPT 展示出来。时间安排为 45 分钟,内容需要包括理论介绍(约 10 分钟):如非言语交际的含义、文化定势、非言语行为的传播内容等;论点阐述(约 10 分钟):如言语与非言语交际的比较、各民族文化的非言语交际行为的共性与独特性等;案例分析(约 15 分钟):如不同民族在手势、身体接触表现出来的差异性等;设置开放性问题(约 10 分钟):如教师和同学在课堂上的非言语行为有哪些,对课堂教学有什么影响,如何调整非言语行为来达到学习效果的最优化。冰川和阿迈尔坎迪林认为,学生作为自我学习过程与学习目的之间的沟通者角色,来自其在所参与的活动中的角色,这种角色对学生的意义在于他们应该将所学用于交流,从而以互动的方式学习。学生代表在课堂上展示的主体地位能够调动全体学生的参与积极性,活跃课堂气氛。在研究探讨型 Seminar 中,讨论环节是重头戏,全体同学参与开放性问题的讨论,并提出问题。

3. 第三步：教师反馈

在小组学生主持的研究陈述结束后，教师首先就研究报告内容的完整性、结构的层次性、观点的清晰度、案例的广度和深度、PPT展示的效果、陈述的语言表达、讨论方面进行评价与总结，指出存在的问题，如对非言语交际的含义解释得还不够清楚、报告中的观点缺乏支撑、论据不足、案例不充分、PPT的制作形式大于内容等。然后补充案例，引导发散思维，在巩固的基础上进一步深化拓展知识。如非言语行为中的两性在目光语、表情语、身试语、体触语、空间语等领域的差异及现象背后的本质（地位、权势、支配等角度）；交际情景中的言语与非言语行为的冲突会有什么特殊的交际效果和交际障碍等。

学生在大量查阅资料、与同伴共同探讨学习之后，对研究主题有较为深刻的理解，有很清晰的思维与想法，课堂上的展示进一步促进学生的表达能力和逻辑思维能力。正如孔子所提倡的"不愤不启，不悱不发"的教学原理，此时的教师反馈不再是教师的"一言堂"和"独角戏"，学生的求知欲望被激发，良好的知识储备让学生更自信，思想更有深度，与教师的互动才能摆脱热闹的假象，从本质上达到促进深化的效果。同时，师生的思想碰撞大大拉近了师生的心理距离，师生感情的升温成了学生学习的助力器。好的教学不仅意味着流利的语言，不让学生睡着，也不仅意味着教师讲授的课程要内容清晰、结构合理，而更多地意味着智慧的展示和对学生心灵的启发，意味着开发青年人的头脑，培养其形成清晰、缜密思维的习惯。

4. 第四步：撰写反思日记

教师反馈后，学生需要以日记的方式进行自我评价，具体包括：①记录在查阅资料中获得的新知识；②描述在小组学习中如何沟通，解决争议的途径；③表达对教师反馈的思考；④指出自身存在的不足与改进之处；⑤设置下一步的学习目标等。反思日记可以促使学生进行有效的自我反思，也能积极推动师生的相互沟通，使老师能更全面了解每个学生的学习动态，学习效果，为下阶段的教学做准备。本研究结果表明，撰写反思日记能帮助学生梳理思路，反思自我的认知、价值取向和思维活动，用综合、评价等批判性思维来分析跨文化交际中出现的各种文化冲突、文化融合等问题，促进有意义的跨文化交际学习，促进评判性思维能力的发展。

（四）面临的挑战

Seminar研讨式教学需要学生在课前、课后投入大量的时间和精力来准备和思考，而跨文化交际课程开设在英语专业的大三年级。在大三期间，除了设立语言基础技能课程，还增加了很多英语专业课程的开设，如英美文学、英美国家概况、语言学等，学生的课程繁多、学习负担非常重。跨文化交际课程内容繁杂、涉及面广，实践性强，要把学生的知识准备、教师的拓展和师生间的讨论融入有限的课时里，对教师、学生都是一种挑战。Seminar 研讨式教学的效果主要取决于学生的参与度，如何调动学生的积极性，让学生高质量的配合是教师面临的首要问题。教师需要积极示范，创造学习氛围，针对学生不同背景、需求和兴趣，有选择地组织教学活动，让学生被激发出来的学习欲望得到延伸和满足，这对教师的能力有了更高的要求。学生要转变惰性的"听课"模式，肯花时间，肯吃苦，在掌握扎实的语言知识的基础上，有意识地培养研究能力，团队合作能力，提高良好的国际视野、逻辑思维能力和文化敏感度。

  Seminar 教学模式是研究性学习的教学实践，具有学术性。教学和研究的过程中，教师从事的是研究性教学，而学生从事的是自主性的研究学习。将 Seminar 教学模式应用到跨文化交际课程的教学中是一种新的尝试，学生在研究过程中进行概括、分析、综合、运用等思维活动，对文化和文化差异现象进行研究分析，尝试解释，对异域文化进行对比探索，并及时反思总结。这种研究＋探讨＋反思式教学模式能增强学生的自学能力、口头表达能力和文字组织能力，提高跨文化敏感性与自觉性，促使学生以更包容的心态、更全面的视野、更深刻的理解与不同文化取向的人进行交流。学生不仅成为知识的主人，也获得更为重要的独立学习能力，这将使学生受用终身。

第二节　BOPPPS 模型的跨文化交际英语课程

  跨文化交际是指不同文化背景的人们（信息发出者和信息接收者）之间的交际。随着现代科技的发展、传播通信技术的进步和经济的高度全球化，不同文化背景的人们之间的距离缩短，跨文化交际成为日常生活的一部分，对其研究也蓬勃兴起。由于语言教育在很大程度上与文化教育是无法分割的，因此跨文化交际作为外语教育研究热门课题引起了众多学者的普遍关注。在近年来颁布的《高等学校英语专业教学大纲》中对于英语专业学习者的跨文化交际能力的培养也有明确的规定和强调：注重培养跨文化交际能力，在专业课程教学中要注重培养学生对文化差异的敏感性、宽容性及处理文化差异的灵活性。

  在外语学习中，自 20 世纪 80 年代以来关于学习者自主的问题就得到了广泛而深入的研究。利特把学习者自主界定为"本质上来说，自主是一种能够进行公正而具有评判性反思的能力，做出决策的能力，以及采取独立行动的能力"。研究者还注意到：虽然自主学习在一定程度上对以往以教师为中心的教学模式提出了挑战，但这并不意味着教师主观能动作用的弱化。相反，作为学习者自主的前提，教师的重要性不容忽视。在自主学习模式中，教师通过教学调控、教学活动、激发学习者的兴趣及情感交流等多种手段充当引导者和顾问的角色，对学习者自主的促进仍然起到决定性的作用。

BOPPPS教学模式比之以教师为中心的继往教学模式能够更好地在基于教师的主体引导作用上以学生为中心，更有效地发挥学生的自主能力。本文试图在跨文化交际英语课程中引入BOPPPS教学模型设计教学活动，既使学习者通过参与式学习充分发挥主动性，又通过实现学习目标及课堂教学互动化体现教师的主导作用。

一、BOPPPS模型理念

作为加拿大教师技能培训机构Instruetional Skills Workshop（ISW）推广的"以学生为中心，教师为主导"的BOPPPS教学模型是一种有效地将教学实践与教学理论相融合的课程设计模式。BOPPPS教学模式可以划分为六个阶段：导入、目标、前测、参与式学习、后测和总结。这六个阶段的具体意义与主要任务如下：

（1）导入（Bridge-in）作为第一阶段，其主要任务是吸引学生的注意力，让学生集中注意力于将要学习的课程内容。这一阶段的教学策略包括介绍课程的目标，指出即将学习的课程内容的重要性，提出与主题相关的问题来引导学生。教师可以分享与课程内容相关的个人经验或故事，提供一个集中学生注意力的介绍，将学生已经所学的内容与将要所学的内容联系在一起，从而激发学生的动机。

（2）目标作为第二阶段，包括认知、情感和心智运动技能等各方面，教师应当明确学习目标，即在学习过程结束时，学习者应当了解什么内容，重视什么内容、学到什么内容及他们能够获得的能力。通常说来，对于学习者而言，一个清楚的目标可以概括为谁将学到什么、在什么情况条件下和学习的程度如何。明确理解课程目标有助于激发学习者的学习渴望，使他们养成自发学习的习惯。

（3）前测作为第三阶段，主旨在于让教师了解学习者的情况，确定学习者的兴趣和能力，并据此调节学习内容的深度与速度，更好地适应特定的学习者Q测试、家庭作业和非正式的问答都可以达到这一目的。教师通过预测分析估计学习者的兴趣和能力，并以此调节课程的深度和进度。学生可能通过这个评测专注于明确的目标并表达自我。

（4）参与式学习作为第四阶段，主要包括教师与学生之间的互动及学生与学生之间的互动。教师应当积极鼓励学生参与，让学生分组讨论相关学习问题并在授课时注意学生的思考。

（5）后测作为第五阶段，重点在于通过各种检验手段评估是否实现了教学目标，学生是否掌握了已教授的内容。教师可以采用评价表、技术评价及学生设计的展示等多种评价方式，了解是否实现了教学目标，从而可以对授课方法进行相应调整。通常来说，对于基础知识内容课程可以采用多项选择或是简答题测试；对于应用分析的课程，可以采用问题解决任务检查；对于技术课程可以采用检查表测试；对于态度价值类的课程可以采用态度量表或是个人反思。由于测评与目标或是结果直接相关，因此测评方式随着课程学习内容而变化。

（6）总结作为最后阶段，旨在总结授课内容，整理并综合所学内容重点，设置课后任务，并宣布下次的课程内容。教师应当表扬学习者的努力并指出他们作业中需要应用的要点所在。

二、基于BOPPPS模型的跨文化交际英语课程的设计和应用

为了将BOPPPS模型理念有效地应用于跨文化交际英语的课堂，发展学生的自主学习能力并强化课堂教学效果，我们将根据BOPPPS的6个阶段将整个教学活动设计为以下几个活动：主题讲座、研讨会和实践调查。

（一）主题讲座

跨文化交际英语课程在教材选择上以许立新的《新编跨文化交际英语教程》为主，并辅以林奈尔戴维斯的《中西文化之鉴》及胡文仲的《跨文化交际学概论》等论著。在上述教材的基础上，本课程将相关内容分别划分成"文化与理解文化""交际与跨文化交际""全球化与全球化思考""文化差异的认识""世界观""文化价值观""语言与文化""文化与非语言交际""泛化与文化定势""文化身份"等若干主题的讲座。由于主题讲座是一种开放性的模式，因此将课程内容细分为各个主题讲座，可以有效地通过与学生的互动引出并梳理主题确定目标和学习内容。这一设计涵盖BOPPPS模型的前三个阶段，即导入、目标和前测。

主题式教学是基于课程文本内容展开探究的一种教学设计。讲座在确定主题过程时，教师面向全体学生，吸引学生的注意力，然后根据教学目标向学生明确将要学习的

内容，收集学生所提的问题和看法，从而了解学生的基础和兴趣所在，整理汇总学生的反馈信息并引导学生主动参与和探究发现、重助整合确定主题。学生在阅读文本时，通过独立思考提出问题，相互交流，通过思想的碰撞而梳理出有价值的关键点，并将重点内容凝练成大的话题。主题讲座这种设计既通过引导、梳理并确定主题，保证了教师作为引导者的主导作用，又使得学生明确了学习目标和学习重点，围绕主题对所要学的内容展开自主探究，在建构知识架构的过程中充分发挥积极性和主动性。

（二）研讨会

由于本跨文化交际英语课程是面向大四英语专业学生开设的，因此学习者具有良好的思考和学习能力及较强的语言表达能力。由于BOPPPOS模式的教学理念强调的是从以教师为中心的传统教学模式转变为在发挥教师作用的情况下以学生为中心的新型教学模式，因此参与式学习是其中的重要环节，研讨会能够在很大程度上加强教师与学生及学生与学生之间的互动，使学生充分实现参与式学习。教师可以将全班学生分为每组三四人的若干小组，分工协作完成研究任务。在研讨会可以展开诸如主题研究和案例分析的活动。就主题研究而言，即在基于"主题讲座"的主题上，要求学生独立查找、收集相关资料，通过小组开放性的研讨而综合运用所学知识解决问题。学生根据教师在主题讲座中提供的主题，分工查阅相关文献资料，撰写论文，并制作成PPT在课堂上展示。例如，学生选择迪士尼电影《花木兰》和中国传奇中的花木兰进行了跨文化的对比，从花木兰的形象和性格以及中国功夫等诸多元素分析文化定势的问题。研讨会作为一种互动式的学习方式，可以使学习小组充分发挥自主学习能力，根据研究任务收集参考资料，小组内成员通过积极的互动和讨论撰写相关研究报告，然后在课堂上以PPT的形式展开相关主题陈述，其他学生可以就此主题提出问题，与陈述者进行开放性的讨论，教师则根据研究报告和PPT的陈述进行评讲并指出存在的问题，与学生就陈述主题展开有深度的互动，并在讨论过程中担当监督的任务。除了主题研究陈述之外，研讨会还可以经常对跨文化交际遇到的问题进行案例分析。跨文化交际作为一门要发展跨文化交际能力的课程，需要将文化知识应用到跨文化交流的实践之中，案例分析由于其生动具体的可感性、启发性和突出的实践性，可以让学生从分析实际问题入手，发展具有批判性的自主思考能力和应用能力。一般来说，研讨会选取的跨文化交际的案例应当与跨文化交际中遇到的实际问题相结合。研讨会上的案例分析可以让学生将理论联系实际，在讨论分析问题中开拓思路并积极思考，加强学生之间及学生与老师之间的交流互动，培养学生的英语语言能力和自主探究能力。

（三）实践与调查

BOPPPS 教学模型的最后两个阶段是后测与总结，用来检测学生是否实现了学习目标，因此在跨文化交际英语课程中就相应地设计为实践与调查活动。教师在完成教学任务、总结所学主题和内容之后，给学生布置调查或实践作业。实践活动主要是让学生以小组为单位，选择活动主题，通过与外教和留学生的接触对跨文化交际进行社会实践，如了解他们对中国的饮食及对于人情往来的看法，感受双方之间的文化差异。调查研究作为一种有目的和计划的系统活动，可以让学生通过课堂所学知识选择课题，设计调查研究方案，分析整理资料，得出研究结果。以文化的多样性为例，学生可以就自主设计问卷调查友谊之中哪些要素是最重要的，并将调查结果与其他国家的调查研究结果进行对比等。在调查研究过程中，学生可以充分运用课堂上所学到的理论知识解释现象或解决实际问题，通过撰写调查报告分析问题并深化所学知识。教师通过对调查报告的评阅引导学生掌握和理解所学知识。

在全球化的今天，我们所面临的是一个多元文化的时代，现代传播技术发展极大地缩小了人与人之间的距离，跨文化交际已成为常态事物，因此跨文化交际能力成为人们必备的素质之一。BOPPPS 教学模式作为一种先进的有效教学模式既能发挥学生的主体作用，通过学生积极的参与和互动，从而增强学生的自主能力，又能以教师为核心起到良好的引导作用。将 BOPPPS 教学模式引入跨文化交际英语课程教学中不但可以革新传统的教学模式，而且通过基于 BOPPPS 的六个环节的形式多样的课堂活动更使得跨文化交际英语课程的教学设计具有创新性、理论性、开放性和实践性，从而增强学生的自主学习能力和研究分析能力，培养学生的跨文化交际能力。

第三节　基于案例教学法的"跨文化交际"课程设计

随着高校英语教育教学改革的不断发展，培养跨文化交际能力已成为当今高校外语教学的重要目标。2007 年 5 月，我国教育部在《大学英语课程教学要求》中强调指出："大学英语教学应该充分考虑对学生文化素质的培养和国际文化知识的传授，要尽可能地利用语言载体，让学生了解科学技术、西方社会文化等知识，以提高学生的跨文化交际意识，培养其跨文化交际能力"。因此，在英语教学中培养学生的跨文化交际能力，进行跨文化交际的实践运用，是从整体上提高大学生英语综合素质和能力的必然要求和趋势。针对在校本科生开设的"跨文化交际"课程是一门实践性和应用性较强的课程，其特点和教学目的决定了教学应以案例分析为主，理论介绍为辅。如何在实际教学操作中有效地设计与实施案例教学法是本课题研究的主要内容。

一、案例教学法

案例教学法是美国哈佛商学院在20世纪20年代提倡的一种培养高素质、创新型管理人才的教学方法。案例来自商业管理的真实情境或事件，通过参与、思考、分析和讨论的培训方式，培养并提升管理人员在认知和行为层面的能力。案例教学法的理论依据是最早由瑞士教育学家、心理学家皮亚杰提出的建构主义。在建构主义教学模式中，学生是知识的主动建构者，而不是外界刺激的被动接受者；教师是教学过程中的组织者、指导者，意义建构的帮助者、促进者，而不是知识的传递者、灌输者。案例教学法突出认知主体的主观性和能动性，既外显于形式和实践的结合，也内化于语言习得的知识建构。

大学英语教学实践证明，与传统的教学方法相比，案例教学法具有以下特点：①以学生为主，着眼于能力培养；②强调集体合作而非个体单干；③强调互动式教学，培养的是决策能力以及锻炼学生以当事人的身份来解决相关问题的能力；④强调批判反思而非结论教条。案例教学着重培养学生的分析能力和思考能力，提高综合运用各种知识的能力，倡导多向发散型的思维方式，不求聚合效应，有利于充分培养学生的创造力和想象力。

二、在跨文化交际课程中运用案例教学法的研究现状

目前，业内普遍认为，跨文化交际能力应包含知识、情感、行为三个不同的层面。知识层面即文化知识，情感层面即跨文化敏感度，行为层面即交际方式。传统的"跨文化交际"课程局限于知识层面即文化知识的学习，较少涉及跨文化交际的情感和行为教学。在跨文化交际课程中运用案例教学法有助于师生从"跨文化知识＝跨文化能力"的圈子中走出来，通过以案例为先导与核心的教学方法，促进学生在跨文化知识、情感及行为三个层面共同提升。

目前，国内针对案例法在跨文化交际课程中应用的研究并不多见。虽然案例教学法早已传遍全球，但目前，国内采用案例教学法的主要是法律、商务、医学、管理等专业，

而对跨文化交际教学领域的研究和关注甚少。胡文仲在探讨跨文化交际课程的教学法时，特别强调了案例教学法的优越性。他指出，大部分教师所采用的讲授法虽然可以传播知识，但不一定能有效提高跨文化交际能力，使用案例分析法可以训练学生从不同角度思考问题的能力，提高他们的跨文化敏感度和文化意识。杨盈、庄恩平从跨文化教学的教材与教法角度出发，提出背景知识导入、文化内涵探索、案例分析、角色扮演、实例搜集等五种教学方法，其中，案例分析法与实例搜集法相互涵摄、共生互促，既遵循了教学由浅入深的规律，又极大激发了学生的学习自主性。杨惠英、胡素芬、陈倩从教学实践出发，论证了跨文化交际案例语境教学法的适存性、可行性及教学价值，探讨了案例教学法对学生语言能力的促进与提升。王朝晖从案例库的构建原则、案例来源、案例标注、案例检索等方面介绍跨文化交际案例库的构建方法，是国内鲜有的跨文化交际案例数据库构想。

本课题致力于对案例教学法在跨文化交际课程中的操作过程进行探讨，以期为案例教学法在跨文化交际课程中的应用提供参考。

三、案例教学法在"跨文化交际"课程中的应用

（一）研究对象

以某大学中文学院二年级两个班81名大学生为研究对象。该批学生的专业为涉外文化管理和涉外高级文秘。跨文化交际课程是该学院本科生第二学年的一门公共必修课，共18个教学周，每周2课时。

（二）研究设计

课程组选择了外语教学与研究出版社出版的《跨文化商务交际》作为教学用书，从中选择部分章节进行讲授，同时添加与跨文化有关的最新理论与真实案例作为补充。在一个学期的课程教学中，任课教师基本围绕案例进行教学，教学步骤主要包括：前置性的案例阅读、堂内案例分析讨论、教师引导与总结提升、课后学习反思与实例搜集。课后实例搜集任务要求3人为一个小组，以留学生、外教、外派商务人员、外企职员等为对象进行访谈，主题是受访者在跨文化交流中的经历。期末要求每位学生用英文撰写一份研究报告，报告要从访谈中获得的跨文化交际案例出发，用以说明或证实证伪书本上的跨文化理论知识。同时，每隔一周，学生要结合所学单元，撰写学习反思日志。

（三）研究实施过程

现以教材第四章 Contrasting Cultural Values 为例，说明案例教学法在这一章节的实施过程。该章的教学重点是霍夫斯坦德的文化价值观维度，即权力、不确定性避免、个人主义与集体主义、男性度与女性度、长期取向与短期取向。

课前，任课教师通过邮件发送给学生三个案例。

课中，教师集中讲解并讨论案例。

课后，为提高学生对相关知识点的掌握程度，教师可以再次布置相关案例，要求学生运用本节课所学的理论知识进行案例分析，以学习日志的形式记录下来，并要求学生为课后实例搜集与访谈报告做准备。

（四）研究结果与讨论

通过一段时间案例教学法的实施发现，学生不但在英语阅读、英语表达方面得到锻炼，而且在跨文化交际能力的三大层面，即知识、情感与行为方面取得了显著进步。

首先，以案例为核心的教学使教材中枯燥的跨文化知识和理论变得具象，使学生在生动的案例中加强了对知识理论的理解和消化。通过对大量案例的分析讨论，学生更深层次地了解了不同文化之间的差异与根源。在课后实例搜集过程中，学生有机会与跨文化交际经验丰富的受访者进行面对面交流，掌握了更多跨文化知识，通过撰写访谈报告，加深了对相关知识的认知。

其次，以案例为核心的教学培养了学生的跨文化情感。通过将学生带入案例，使学生将自己转变为案例中的角色，从不同角度看待文化差异与冲突，引导学生从情感上认识到文化并无优劣之分，从而使其有效避免或减少跨文化冲突的发生。不少学生在上交的访谈报告中指出，中外文化固然有诸多差异，但文化本身具有互通性，不应将"差异"绝对化。

最后，以案例为核心的教学有利于提升教学效果。以往的跨文化教学使学生陷入"知识＝能力"的狭隘认识，认为掌握了知识就能顺利进行跨文化交际。在案例教学中，由于多数案例大多是来自生活的真实案例，因此，学生在分析案例时，可能会产生似曾相识的感觉。当遇到自己熟悉的案例时，部分学生会主动结合自身案例进行分析，提高了案例分析的针对性，从而提升教学效果。

案例教学法的实施不仅惠及学生，使他们从案例出发，加深了对跨文化知识、理论的认知，而且有利于促进教师角色的转换，为教学研究者提出了新的研究课题，即跨文化交际案例库的建设问题。

总而言之，案例分析法的运用重在培养学生的能力，而非仅仅获取知识，是将语言文化知识转化为跨文化能力的有效途径。案例教学以其与实际联系紧密、操作性强的特点被应用于跨文化交际课程中，经过探索和实践取得了很好的效果，将成为跨文化交际教学的新发展方向。

第四节　旅游英语课程中的跨文化元素教学实践

旅游活动常常出现在人们身边，随着社会经济的发展及人们生活水平的逐渐提高，旅游交流也呈现持续繁荣状态，为推动经济、政治、文化的发展做出了巨大贡献，以旅游行业为主的第三产业已成为影响我国经济的主要产业。旅游英语在国际商业、贸易往来、文化、艺术等交流中肩负着传播文化的使命。不同背景下的旅游英语交流涉及多国、多层次的文化，借助旅游英语来了解外来文化的人越来越多。因此，旅游英语课程的开设能够帮助更多人了解各国文化、开阔视野，增强对不同国家和文化的认识，满足旅游相关行业对多文化传播、语言传播及商业信息传播的需求。近年来，高校课程改革取得了一定成绩，改善了传统的教学局面。但作为旅游专业主要课程之一的旅游英语，由于安排的教学时数比较短，教学模式比较单调，不能有效实现课程设置的目的。要促使旅游课程发挥应有的教学作用，必须引进先进的跨文化理念推进旅游英语课程的深入改革。旅游英语课程中的跨文化元素就是将跨文化元素引入课堂教学中，培养具有跨文化理念的合格人才。

一、跨文化理念下旅游英语的课程特征

（一）旅游英语是旅游和英语学科的有机结合，跨文化元素是其重要因素

旅游英语是旅游和英语学科的有机结合，是一门专业英语，属于职业英语体系的一个分支。旅游英语包括旅游市场、旅游景点、旅游文化、旅游资源、旅游产业等，建立在国际化背景下的旅游英语学习，对学习者的英语语言及跨国文化等方面提出了较高要求。旅游英语由英语主科划分出来，拥有自身的英语语域，从旅游英语的课程目标来看，旅游英语是被用来协助涉外英语及国际文化交流的一项工具，同时还兼具传达文化寓意

的教学功能，英语是语言文化元素方面，体现出工具性特征，旅游是人文文化元素方面，体现的是人文性特征。学习旅游英语，必然会涉及相关国家的文化，可以说，跨文化元素是旅游英语中的重要内容。通过学习旅游英语，能够了解不同国家之间的文化，能够帮助涉外工作及旅游行业相关工作人员理解当地的文化理念、文化象征，同时还能够体会不同的风土民情，提高个人的文化审美能力。

（二）旅游英语课程具有目的性，跨文化元素可以提高学习实用性

旅游英语课程具有一定的目的性，即要求旅游英语专业的学生通过旅游英语课程学习熟知酒店管理、涉外导游及大型旅游企业的基本知识，能够将所学理论知识用于职业所涉及吃、住、行、游、购、娱等领域，通过灵活运用英语语言来提高旅游实践能力，熟练地与国际游客进行交流，并为其提供专业的旅游服务。高校旅游英语课程的教学任务及教材包括了餐饮、旅游、娱乐、商务、历史文化研究等行业的信息知识，以帮助学生更好地掌握旅游英语应用方向所需要的知识和技能。此外，旅游英语课程还与职业资格证书挂钩，如英语导游证书等。旅游英语课程设置有明确的实用性特征，要求学生不仅要具备一定的英语水平，还要掌握相应的跨文化知识。跨文化元素的引入，能够使学生更明确旅游英语学习的目的，也更能够使学生把握旅游英语的实用性。

（三）旅游英语课程需了解地方文化，跨文化元素能有效提升知识趣味性

旅游英语课程是了解主体和客体旅游地方文化的一门课程，包括以下几方面内容：一是历史文化方面，包括民族、特产、古建筑、遗址、地理、人文、景点等；二是旅游文化方面，包括旅游交通、医疗常识、货币流通、市场法律、行业原则等；三是跨国文化方面，包括旅游国风土人情、政治、地理、当地食宿情况等内容。从旅游英语课程所要完成的任务来看，旅游英语教学还要比较世界各国文化的异同之处，了解在旅游环境下交流双方的文化背景差异，富含一定的跨文化意义，因而其对各国文化知识的储备要求比较高。一般情况下，旅游英语交流中有一方为中国人，另一方则为其他国家人员。旅游英语课程中的这些内容非常丰富，既有异域风情，又有生活常识，既有知识性，又有趣味性，能够满足学生的好奇心理和求知欲望。很好地利用这些跨文化元素，有助于提高课程的吸引力，也能在很大程度上提升学生对课堂教学的兴趣和爱好。

（四）旅游英语课程跨文化元素及表现

旅游英语课程中的跨文化因素包括各旅游国之间不同的生活习惯、认知思维差异、

民族文化差异。这些跨文化元素穿插在旅游英语课程每一环节中，向学生传达不同国家的文化信息和旅游知识。

上述跨文化元素在旅游英语课程中主要表现为以下几个方面：

首先，旅游目的地不同，各地生活习惯存在差异。全世界各国的地理、政治、历史、文化有所不同，导致各国生活方式差异较大。比如旅游英语中对人的口语称呼就不同，西方国家"Mr/Mrs."排在姓氏前面，而中国的"先生、小姐"则是排在姓氏之后，在与国际游客进行介绍时需要立足旅游目的地的生活习惯来进行交流。

其次，旅游文化不同，对事物认识存在差异。由于各国旅游文化不同，中西方游客对同一事物的认识不同。比如说数字，中国人对"6""8"等数字比较喜欢，而西方国家则很少使用数字"6"，在旅游交流中要清楚认识到中西方看待事物的差异，避免交流中出现尴尬。

最后，各国人性情不同，认知思维方式存在差异。中国人思考问题比较委婉含蓄，外国人则比较直接开放，对旅游及外界事物的看法自然不同。有些旅游文化，游客有时会直接表现出不喜欢，旅游英语课程要求学生要尽量进行换位思考，在交流过程中养成灵活的旅游英语学习思维。

二、当前旅游英语课程教学中跨文化元素的缺失

旅游英语课程在推动英语教学发展中起着承前启后的作用。它不仅仅能够培养学生的语言交际能力，还能够促进学生形成系统的知识结构。此外，旅游英语课程的后部分教学目标结合了当前旅游行业及各国家、景点对涉外人才的需求，提高了学生对旅游相关职业的深入认识。纯粹的语言教学，尤其是纯粹的英语语言教学，对学生来说，很难有太大的吸引力。旅游英语由于其课程的知识性、趣味性、应用性的特征，使其具备了吸引学生的潜力，因此，在旅游英语教学中融入跨文化元素，是提升课程品位、提高学生兴趣的一个非常有效的办法。

但是，从目前高校开设的旅游英语课程情况来看，旅游英语课程的开设并未得到广大学生的热捧，不少学生对这门课程不感兴趣。究其原因，与旅游英语课程实施过程中存在的问题有关。一方面，大多数授课教师都是从传统的大学英语课程转换过来，教学模式与教学理念都还是延续了传统大学英语的教学，教师对英美文化的了解不够深入，甚至不了解，对旅游行业的文化理念也没有认真钻研，自然也就无法在教学中将跨文化

元素融入。在具体的课堂教学中，一些教师仍然按照大学英语的教法，单词、句式、课文讲解、课文背诵，毫无生气。缺少了一定知识性、趣味性的跨文化元素，也就影响了课程对学生的吸引。另一方面，一些学生的英语水平不是很高，对英语有一定的畏惧心理，对旅游英语课程的了解也不多，学习旅游英语只求过关。有些学生虽然对跨文化元素很感兴趣，渴望了解异域风情，但由于旅游英语课程无法引起其足够的兴趣，只是被动地去学习，积极主动性没有得到充分发挥。

正是在教师与学生对旅游英语课程都不熟悉的情况下，当前高校旅游英语的教学很难实现课程设置的目的，也没有较好地实现提升学生英语水平的目的。因此，如何在旅游英语教学中引入跨文化元素，成为旅游英语教学的重要课题。

三、旅游英语跨文化教学实践途径

在旅游英语教学中引入跨文化元素需要考虑学生、教学环境、旅游行业需求及教师教学水平等因素，若要在旅游英语教学中体现跨文化元素，必须从以下几个方面做起。

（一）提高旅游英语教师专业素质及教学水平

首先，学校应提供旅游英语教师提高专业素质的平台，促使教师在教学之余进行旅游英语知识的锻炼，或者选择在旅游英语领域中继续深造。高校也应选出一些骨干教师，并为其提供出国研修机会，让教师切身领悟不同国家的文化背景和内涵。其次，聘请旅游行业专家或者优秀导游，对学生进行授课，以实际体验为学生讲述和分析跨文化旅游中的案例，并传授给学生自身工作经验，为学生掌握旅游英语技巧提供指导。比如说教师可以将自己接待国外旅客的经历传授给学生，如面对国际游客时，许多学生会客套地问候游客"You have had a hard time./You must have been tired now."等，但在国际游客看来却并非如此，会使游客觉得自己弱不禁风，由此感到不舒服。因此，教师应该教学生运用正确的问候方法问候国际游客，比如"Did you have n pleasant trip?/Welcome to xxx, I have been expecting you./How was the trip, I am glad to work with you."最后，旅游英语专业教师应加强自身对文化的研究，了解各国旅游文化根底及文化市场，同时深刻反思教学过程中存在的不足，改革传统单一的教学手段，多方融入跨文化元素，充分调动起学生对旅游英语的学习兴趣。

（二）利用多种手段培养学生的跨文化实践能力

跨文化元素并非是旅游英语教学的理论教义，而是需要在原有教学效果的基础上，提高学生对旅游文化的理解，提高学生自主学习的能力，并且通过多种手段突出跨文化教学的意义所在。旅游英语教师应该给予学生更多的自信，让学生尽可能多地参加旅游相关的实践活动，在参与活动中锻炼学生的英语交际能力，使其深刻理解跨文化的概念。比如鼓励学生多参与学校组织的英语辩论比赛、跨文化交流会、口语演讲、旅游竞猜、校园导游竞选、旅游文化展览及各项国际文化交流等活动。在参与过程中，学生不但可以了解中西方不同文化间的差异，还可以将所学知识运用到实践中，切实提升自身英语的实践能力。

（三）优化院校旅游英语实践环境

旅游英语教师可以为学生创设更利于旅游英语学习的课堂环境，比如中国人在初次见面时常常会问候对方"吃饭了没/吃了吗？"，翻译成英语则是"Have you had your meal?/Have you eaten yet?"。但是，中国人的习惯对于西方人来说则是不可理解的，他们会误解这种口语化的打招呼，认为是在邀请自己吃饭。为避免旅游英语专业学生出现上述口语错误，教师应强化跨文化教学力度，教导学生运用规范化旅游口语来打招呼，比如"Nice to meet you.""Excuse me, allow me introduce myself.My name is…""Welcome to…"等。

旅游英语教学中跨文化元素的应用不仅体现在课堂上，还应该体现在学习环境中。旅游英语专业教师必须要从学生的学习心理出发，建设有助于学生提高旅游英语实践能力的实习基地，无论在课堂之上还是在实训基地，都能够让学生得到最真实的实践演练。此外，教师还可以通过鼓励学生到旅游企业及酒店顶岗实习，帮助学生接触最直接的跨文化知识。在资金允许的条件下，为学生提供国外实训及交流的机会，促使学生通过实际演练强化英语口语能力及跨文化交际能力。在与海外学校合作时，为旅游英语专业学生提供互惠机会，促进学生之间的跨文化交流及合作，为学生营造最充分的跨文化交流环境。

（四）拓展跨文化元素教学支持渠道

随着旅游行业的迅猛发展，旅游企业、星级酒店、机场、各大小旅行社中高素质、高水平的涉外旅游人才十分紧缺。高校可以与旅游领域的企业进行长期稳定的合作，拓展旅游交流合作渠道,在保证学生课程不受影响的情况下为学生提供兼职导游的机会,以及随企业到不同地方进行旅游文化考察的机会。让学生通过实践结识更多优秀的旅游人士,为其今后毕业并顺利进入旅游行业奠定基础。在旅游英语课程教学环节中增设"Pair Acting"部分,采用小组合作模式,设置不同的旅游场景,比如在学习"机场商务交流"模块时,根据教材要求分别设置A、B、C等不同场景,并且安排不同学生扮演不同的角色,比如甲扮演乘客,乙扮演机场乘务员,丙扮演协警人员,模拟场景进行教学演练,结合旅游英语实际场景,促使学生充分发挥想象力,通过场景锻炼提升旅游英语口语交际能力。

(五)语言与文化统筹兼顾进行跨文化教学

旅游英语课程是一门以语言为中心的课程,同时也是围绕旅游行业及旅游文化进行的教学活动。因此,必须要重视学生的语言表达能力及对各国文化的理解能力,在锻炼学生英语口语表达能力的基础上,指引学生深入了解不同国家和地域的文化内涵。虽然流利的英语口语是进行旅游外交的第一要素,但拥有良好文化的理解能力是提高旅游英语交际能力的必要保障,将二者有机结合才能够有效提高旅游英语教学水平。教师引入跨文化元素是将学生置身于国际化环境下,在学生掌握基础的语言之后,继续引导学生以跨文化视角了解某一国家的旅游景点和旅游市场,从而推动旅游英语教学目标的实现。

此外,旅游文化应与大自然紧密联系,从大自然中汲取发展元素。旅游英语课程教学应倡导国内外旅游"生态"发展观,展开当前旅游市场新兴行业——"原生态"文化旅游目标教学,在旅游英语教学中贯穿旅游景点"原生态"文化理念,打造生态文明的特色旅游市场,加紧对"原生态"文化旅游专业人才的培养,迎合旅游市场的发展趋势。必要时依据旅游市场需求,将"原生态"文化旅游系列知识纳入旅游英语课程教学教材当中,与未来旅游市场形势紧密衔接。

高校旅游英语课程改革应顺应时代的发展,满足当今旅游行业对涉外旅游人才的需求。从跨文化的视角展开旅游英语课程教学,在旅游英语课程中引入跨文化元素是高校英语改革的一次重大突破,通过引入跨文化元素进行教学实践,促使旅游英语专业学生掌握良好的跨文化交际能力,不断拓宽学生的知识面,为学生今后顺利就业提供帮助,为旅游英语课程进一步改革明确方向。

第七章 多元文化教育的推进与实践

第一节 多元文化教育的理念与目标

一、多元文化教育的核心理念

多元文化教育是一种旨在促进尊重和理解不同文化、背景和观点的教育理念。在全球化和社会多元化的趋势下,多元文化教育成为教育领域中的重要理念,旨在培养具备跨文化意识、包容性思维和国际竞争力的学生。本文将深入探讨多元文化教育的核心理念,包括其定义、基本原则、重要目标以及在实际教育中的实施方式。

(一)多元文化教育的定义

多元文化教育是一种教育理念和实践,其核心在于承认和尊重不同文化、种族、性别、宗教、社会经济地位和其他身份特征的差异。多元文化教育旨在创造一个包容、平等、尊重多样性的教育环境,使学生能够理解和欣赏各种文化,并培养他们在跨文化交往中的能力。

(二)多元文化教育的基本原则

1. 尊重和平等

多元文化教育的核心原则之一是尊重和平等。教育者要求尊重每个学生的文化背景和身份,并确保在教育环境中不存在歧视现象。通过提倡平等,多元文化教育致力于消除社会中存在的不平等现象。

2. 文化相对主义

文化相对主义是多元文化教育中的一个重要原则,指的是不同文化的观念和价值观是相对于各自文化背景而言的。这一原则强调了避免将一种文化的标准强加于其他文化,鼓励人们理解并接受不同文化的多样性。

3. 双向学习

多元文化教育提倡双向学习,即教育不仅是从教育者到学生的单向传递,也包括学生对教育者的教育。这意味着学生有机会分享他们的文化、经验和观点,从而丰富整个教育过程。

4. 参与和合作

多元文化教育鼓励学生的积极参与和合作。通过在团队中合作、分享不同的观点,学生能够更好地理解和尊重彼此的差异,培养团队协作和跨文化交流的能力。

(三)多元文化教育的重要目标

1. 提高跨文化意识

多元文化教育的首要目标是提高个体的跨文化意识。这包括对不同文化的认知、对文化差异的理解以及在跨文化环境中交往的能力,通过培养跨文化意识,学生能够更好地适应全球化的社会。

2. 促进文化多样性的认可

多元文化教育旨在促进文化多样性的认可,使学生能够欣赏和尊重各种文化。这不仅有助于减少歧视和偏见,还能够创造一个更加包容和和谐的社会环境。

3. 培养包容性思维

多元文化教育的目标之一是培养包容性思维,使学生能够接受和容忍不同背景和观点的人。这种思维方式有助于打破文化壁垒,促进社会的和谐发展。

4. 提升国际竞争力

随着全球化的深入,多元文化教育的目标之一是提升学生的国际竞争力。具备跨文化意识和能力的个体更容易在国际舞台上脱颖而出,为他们的职业生涯提供更广阔的发展空间。

(四)多元文化教育的实施方式

1. 跨文化课程设计

实施多元文化教育的一种方式是通过跨文化课程设计。这些课程可以涵盖跨文化沟通、国际关系、多元文化文学等方面,旨在帮助学生更好地理解和适应多元文化社会。

2. 多元文化体验活动

学校可以组织多元文化体验活动，如文化节、国际交流项目、跨文化合作等。通过亲身参与不同文化的活动，学生便可以更深入地体验和理解多元文化的魅力。

3. 教师培训与发展

教师在多元文化教育中发挥着关键作用。为了更好地实施多元文化教育，学校可以提供教师培训与发展。这包括帮助教师增强跨文化教育的认知，提供多元文化课程的设计和教学方法，以及培养教师在多文化环境中的领导力和管理能力。

4. 多元文化资源整合

学校可以整合多元文化资源，包括图书馆收藏、在线资源、文化交流机会等。通过提供这些资源，学生可以更自由地去学习和了解不同文化，促使他们在学术、社会和情感层面上更全面地发展。

5. 跨文化交流项目

学校可以推动跨文化交流项目，包括学生交换计划、国际志愿者服务等。通过这些项目，学生将有机会在不同国家和文化中生活和学习，从而深入体验并增强自身跨文化交流的能力。

（五）多元文化教育的挑战与应对

1. 文化差异引发的理解难题

在多元文化教育中，文化差异可能引发学生之间的理解难题。为应对这一挑战，学校可以通过深入沟通、开展文化交流活动，以及设立专门的文化理解课程来促进学生之间的交流与理解。

2. 教育资源的不均衡分配

教育资源的不均衡分配可能影响多元文化教育的实施。一些学校可能面临经济困难，无法提供丰富的跨文化教育资源。为解决这一问题，可以采取政府支持、社会捐赠等方式，确保教育资源的平等分配。

3. 文化歧视和偏见

尽管多元文化教育旨在减少文化歧视和偏见，但这些问题仍可能存在。学校需要采取积极的措施，其中包括加强学生的道德教育、推动文化交流活动、设立反歧视机构等，以促进一个公正、平等和尊重多样性的校园环境。

多元文化教育的核心理念在于尊重、理解和欣赏不同文化、背景和观点。其基本原则包括尊重和平等、文化相对主义、双向学习和参与合作。实现多元文化教育的目标，包括提高跨文化意识、促进文化多样性的认可、培养包容性思维和提升国际竞争力。

为了有效实施多元文化教育，学校可以通过跨文化课程设计、多元文化体验活动、教师培训与发展、多元文化资源整合和跨文化交流项目等方式来促进学生的跨文化学习。然而，面临的挑战包括文化差异引发的理解难题、教育资源的不均衡分配和文化歧视偏见等，需要采取相应的应对措施。

二、多元文化教育对学生的期望

随着全球化和社会多元化的不断加深，多元文化教育作为一种重要的教育理念逐渐引起了广泛关注。多元文化教育旨在培养学生具备跨文化意识、尊重多元文化的态度以及适应全球化社会的能力。本文将深入探讨多元文化教育对学生的期望，包括其核心价值、对学生个人发展的影响，以及学生在不同层面上所应具备的能力。

（一）多元文化教育的核心价值

1. 尊重与平等

多元文化教育的核心价值之一是尊重与平等。通过培养学生尊重并平等对待不同文化、背景和观点的能力，多元文化教育旨在消除歧视，创造出一个包容性的学习环境。学生应该能够理解并接受其他人的文化差异，形成共生共存的社会意识。

2. 跨文化意识

多元文化教育期望学生培养跨文化意识，即对不同文化背景的人有深刻的认识和理解。学生需要打破自身文化的局限，开阔视野，增强对全球性问题的认知，以更加全面的视角看待世界。

3. 文化相对主义

文化相对主义是多元文化教育的另一个重要价值观。学生应当理解不同文化观念和价值观是相对于各自文化背景而言的，避免将自己文化的标准强加于他人。这有助于建立开放的思维方式，促使学生更加宽容和理解。

（二）多元文化教育对学生个人发展的影响

1. 跨文化沟通能力的提升

多元文化教育期望学生能够提升跨文化沟通的能力。学生将学会在不同文化背景下有效沟通，避免误解和冲突，建立起良好的人际关系。这对于未来的职业发展和社交生活都具有重要意义。

2. 自我认知与身份认同的拓展

通过多元文化教育，学生将更全面地了解自己，包括自身文化的优势和局限性。同时，他们也能够更好地理解其他文化，从而拓展自己的身份认同。这有助于形成更加包容和开明的个人认知。

3. 国际竞争力的提高

多元文化教育培养了学生的全球视野，使他们能够更好地适应国际化的社会。这提高了学生在全球范围内的竞争力，使他们更容易遇到在国际职场中成功的机会。

4. 全球问题的关注和解决能力

多元文化教育鼓励学生关注全球性问题，培养他们解决这些问题的能力。学生应该具备独立思考、团队协作和全球视野。

（三）学生在多元文化教育中应具备的能力

1. 跨文化沟通技能

学生需要具备良好的跨文化沟通技能，包括语言能力、非语言沟通、文化敏感度等。这使他们能够在国际背景下更加流利地交流，避免因文化差异导致的误解。

2. 跨文化合作与团队协作能力

多元文化教育期望学生能够在跨文化团队中协作。这需要学生具备尊重差异、包容多样性的团队协作能力，通过共同努力达成共同目标。

3. 跨文化决策与问题解决能力

学生应该培养跨文化决策和问题解决的能力。这包括对复杂问题的理解、在多元文化团队中做出明智决策的能力，以及对全球性挑战提出有效解决方案的能力。

4. 全球公民意识

多元文化教育强调培养学生的全球公民意识。学生应该关注全球问题，关心世界的未来。这种全球公民意识包括对社会公正、环境可持续性和全球协作的理解，促使学生成为有责任心和参与感的全球公民。

5. 跨文化领导力

在多元文化教育的背景下，学生还应该培养跨文化领导力。这意味着能够在多元文化团队中发挥领导作用，引导团队共同实现目标，并在跨文化环境中发挥领导的潜力。

（四）多元文化教育的实际应用

1. 课堂教育

多元文化教育在课堂上的实际应用包括设计多元文化课程、引入全球性问题、提供不同文化的案例分析等。通过多元文化教育，学生在课堂上能够接触到来自不同文化的知识，培养跨文化思维。

2. 跨文化交流项目

学校可以推动跨文化交流项目，如学生交换计划、国际志愿者服务等。通过这些项目，学生将亲身体验不同文化，增进对其他文化的了解，同时锻炼在跨文化环境中的应对能力。

3. 多元文化体验活动

组织多元文化体验活动，如文化节、国际日、外国文化展示等，可以让学生更深入地感受和体验不同文化。这有助于激发学生的学习兴趣，促进他们对多元文化的认知。

4. 教师培训与发展

为了更好地实施多元文化教育，学校需要对教师进行跨文化教育的培训与发展。这包括提供多元文化教育的教育理念、教学方法和资源的培训，以及鼓励教师在教育中创造包容和多元的学习环境。

（五）面临的挑战与解决方案

1. 文化差异引发的理解难题

挑战：学生在跨文化教育中可能面临文化差异引发的理解难题，会导致交流困难和沟通误解。

解决方案：学校可以通过提供文化教育课程、引导学生参与跨文化体验项目、促进学生之间的深入交流等方式，帮助学生去更好地理解和适应不同文化。

2. 教育资源的不均衡分配

挑战：一些学校可能面临教育资源不足的问题，难以提供充足的多元文化教育资源。

解决方案：通过政府支持、跨校合作、社会捐赠等途径，确保教育资源的平等分配，提供更广泛的多元文化教育机会。

3. 文化歧视和偏见

挑战：在学校中可能存在文化歧视和偏见，影响学生在多元文化环境中的学习和发展。

解决方案：学校应加强反歧视教育，设立反歧视机构，鼓励学生多参与多元文化活动，创造一个尊重和包容的校园氛围。

多元文化教育对学生的期望不仅包括培养跨文化意识和尊重多元文化的态度，更关注学生在个人发展和职业生涯中所能够具备的能力。通过提升跨文化沟通、拓展自我认知与身份认同、提高国际竞争力以及培养全球公民意识等方面的能力，多元文化教育为学生提供了更广泛的发展空间。

为实现这些目标，学校可以通过课堂教育、跨文化交流项目、多元文化体验活动、教师培训与发展等方式进行实际应用。然而，面临的挑战包括文化差异引发的理解难题、教育资源的不均衡分配和文化歧视偏见等，需要学校、教育机构和社会共同努力，以建设一个更加包容和多元的教育环境，培养更具全球竞争力的综合素养。多元文化教育的价值和影响将在未来继续深化，为培养具备全球视野和跨文化能力的人才发挥着重要的作用。

三、多元文化教育与社会发展的关系

多元文化教育作为一种教育理念，旨在培养学生尊重和理解不同文化、背景和观点的能力。在当今全球化的背景下，多元文化教育对社会的发展起到了重要的推动作用。本文将深入探讨多元文化教育与社会发展之间的关系，其中包括多元文化教育的核心价值、对社会的积极影响以及在不同层面上的贡献。

（一）多元文化教育的核心价值

1. 尊重与平等

多元文化教育的核心价值之一是尊重与平等。通过培养学生尊重并平等对待不同文化、背景和观点的能力，多元文化教育旨在消除歧视，创造一个包容性的学习环境。这种价值观有助于社会建立公正、平等的基础，推动社会朝着更加公平的方向去发展。

2. 文化相对主义

文化相对主义是多元文化教育的另一个重要价值观。多元文化教育强调不同文化观念和价值观是相对于各自文化背景而言的，避免将一种文化的标准强加于其他文化之中。这有助于社会形成开放、包容的态度，促进文化多样性的认可。

3. 跨文化意识

多元文化教育强调培养跨文化意识，即对不同文化背景的人有深刻的认识和理解。这有助于社会构建一个更加开放、理解和协作的环境，促进不同文化之间的交流与合作。

（二）多元文化教育对社会的积极影响

1. 社会和谐与包容

多元文化教育的实施有助于构建一个更加和谐和包容的社会。通过培养尊重和理解不同文化的价值观，社会可以减少文化冲突和偏见，创造一个更加和谐共生的环境。

2. 提高社会创新力

多元文化教育激发了社会的创新力。由于学生在多元文化的学习环境中接触到不同的思维方式和观点，他们更有可能会提出新颖的观点和解决问题的方法。这为社会的发展注入了新的动力。

3. 培养国际竞争力

随着全球化的不断发展，培养具有跨文化意识和能力的人才对于国家的国际竞争力至关重要。多元文化教育使得社会中可以涌现出更多具有全球视野的人才，有助于国家在国际舞台上更加有影响力。

4. 构建全球社会责任感

多元文化教育还有助于培养社会成员的全球社会责任感。通过对全球性问题的认识和关注，社会可以更加积极地参与全球事务，推动解决全球性挑战，如气候变化等。

（三）多元文化教育在不同领域的贡献

1. 教育领域

多元文化教育对教育领域的贡献体现在推动教育体系更加公平和包容。通过引入多元文化教育理念，学校能够更好地满足学生不同文化背景和需求，打破教育资源分配的不均衡，促进教育公平。

2. 经济领域

在经济领域，多元文化教育为企业和组织提供了更加多元化的人才储备。具备跨文化意识和沟通能力的员工更容易适应国际化的商业环境，促进企业的全球化发展，推动经济的健康发展。

3. 政治领域

多元文化教育在政治领域的贡献主要体现在促进社会的民主和包容发展。培养具有开放心态和尊重不同意见的公民，有助于构建更加民主和和谐的政治环境。

4. 社会领域

在社会领域，多元文化教育有助于减少社会不公平和歧视。通过提升人们对不同文化的认知和理解，社会能够更好地应对种族、性别等方面的歧视问题，创造出一个更加公正和平等的社会。

（四）多元文化教育与社会发展的挑战与应对

1. 文化差异引发的挑战

挑战：文化差异可能导致社会成员之间的理解障碍和沟通困难，引发文化冲突。

应对：推动跨文化教育，加强人们对不同文化的认知和理解，通过开展文化交流活动和提供跨文化沟通技能培训，减少文化差异带来的挑战。

2. 教育资源的不平等分配

挑战：一些地区可能面临教育资源不足的问题，难以实施多元文化教育。

应对：通过政府投入、社会捐赠等方式，促进教育资源的均衡分配，确保多元文化教育的普及和可持续发展。

3. 文化歧视和偏见

挑战：社会中仍然存在着文化歧视和偏见，可能阻碍多元文化教育的有效实施。

应对：加强反歧视教育，鼓励开展宣传活动，设立反歧视机构，推动法律法规的完善，以减少文化歧视和偏见的存在。

4. 全球化带来的文化冲击

挑战：全球化使得不同文化更加频繁地交流，可能会引发一些社会成员对自身文化传统的担忧和抵触。

应对：通过加强本土文化教育，促使社会成员更好地理解和珍惜自身文化，同时鼓励开展跨文化对话，使文化交流成为共赢的过程。

多元文化教育与社会发展密切相关，它不仅在教育领域促进公平和包容，也在经济、政治和社会等多个领域发挥着重要作用。通过培养跨文化意识、尊重和理解不同文化的能力，多元文化教育有助于构建更加和谐、包容和创新的社会。然而，实施多元文化教育也面临着一些挑战，如文化差异、教育资源不平等问题。因此，需要社会各界的共同努力，采取有效措施应对这些挑战，以推动多元文化教育更好地服务于社会的发展和进步。只有在全社会的共同努力下，多元文化教育才能更好地为社会的繁荣和进步做出贡献。

第二节 多元文化教育的组织与管理

一、多元文化课程的整合与管理

随着全球化的不断发展，社会呈现出多元化的文化特征，这也对教育体系提出了新的挑战。为了培养具有跨文化意识和全球视野的人才，多元文化课程应运而生。多元文化课程旨在促进学生对不同文化的理解和尊重，提高其跨文化沟通和合作能力。本文将探讨多元文化课程的整合与管理，包括整合的必要性、挑战与机遇、有效管理的策略以及在教育体系中的实施方式。

（一）多元文化课程整合的必要性

1. 培养全球视野

多元文化课程的整合有助于培养学生的全球视野。通过将不同文化的知识纳入到课程体系，学生能够更全面地了解世界各地的文化、历史和社会现象，从而拓宽视野，增强对全球性问题的认知。

2. 提高学生的文化素养

整合多元文化课程可以提高学生的文化素养。学生将学会尊重和理解不同文化的价值观、传统和习惯，培养开放、包容的态度，使其能够更好地融入进多元文化的社会。

3. 增强跨文化沟通能力

多元文化课程整合有助于增强学生的跨文化沟通能力。通过学习不同文化的语言、交流方式和沟通规则，学生能够更好地适应跨文化环境，减少误解和冲突，提高在国际舞台上的竞争力。

（二）多元文化课程整合的挑战与机遇

1. 挑战：课程内容的多样性管理

整合多元文化课程面临课程内容的多样性管理挑战。不同文化之间存在着巨大的差异，如何统一整合这些内容，确保课程既有深度又有广度，这是一个需要认真思考的问题。

2. 挑战：教师培训和素养提升

整合多元文化课程需要教师具备相应的跨文化教育素养。教师需要了解不同文化的教育理念、教学方法和学生需求，这要求学校提供相关的培训和素养提升机会。

3. 机遇：促进学科交叉融合

多元文化课程整合为促进学科交叉融合提供了机遇。在整合的过程中，可以通过跨学科的设计，将不同学科的知识和方法有机结合，提升学生的综合素养。

4. 机遇：培养创新思维

整合多元文化课程有助于培养学生的创新思维。在跨文化的学习环境中，学生将面临不同思维方式和问题解决方法，这有助于激发他们的创造性思维。

（三）多元文化课程的有效管理策略

1. 制定明确的整合目标和方向

学校在整合多元文化课程时应明确整合的目标和方向。这包括明确学生应获得的跨文化能力、确定整合后课程的结构和内容，以及确保整合符合学校的教育理念。

2. 提供教师培训与支持

为确保多元文化课程的有效整合，学校需要提供教师培训与支持。这包括培训教师的跨文化教育素养，提供教学资源和工具，以及为教师提供定期的专业支持。

3. 创造多元文化学习环境

为了支持多元文化课程的实施，学校应创造一个多元文化学习环境。这包括在校园内组织文化活动、设立跨文化交流平台、鼓励学生参与国际交流项目等，以增强学生的跨文化体验。

4. 持续评估和调整

多元文化课程的整合是一个动态的过程，需要持续进行评估和调整。学校可以通过学生反馈、教学效果评估等方式，不断优化整合方案，确保课程的质量和适应性。

（四）多元文化课程在教育体系中的实施方式

1. 设立多元文化核心课程

学校可以设立多元文化核心课程，确保每个学生都能接受到基础的跨文化教育。这些核心课程可以涵盖跨文化沟通、国际事务、文化比较。

2. 引入跨学科项目和团队教学

为了促进多元文化课程的整合，学校可以引入跨学科项目和团队教学。通过跨学科项目，不同学科的知识可以实现有机融合，形成更全面的学习体验。团队教学可以促使学生在协作中学习不同文化的知识，培养团队合作和领导技能。

3. 制定学分和评估体系

为了确保多元文化课程的权重和质量，学校可以制定相应的学分和评估体系。明确不同课程的学分分配，建立全面的评估标准，既可以保证整合的深度，又可以让学生在学分的激励下更积极地参与其中。

4. 建立跨学科研究中心

学校可以建立跨学科研究中心，汇聚各个学科的专业知识，促进多元文化课程的研究和发展。该中心可以组织相关学科领域的研讨会、讲座，促进教师之间的交流与合作。

5. 提供国际交流和实习机会

为了加强学生的跨文化体验，学校可以提供国际交流和实习机会。通过与国外高校的合作，学生有机会亲身体验不同文化的学习和工作环境，增强跨文化沟通和适应能力。

多元文化课程的整合与管理对于培养具有全球视野和跨文化能力的人才至关重要。在面临挑战的同时，多元文化课程整合也带来了丰富的机遇。通过明确整合目标、提供教师培训、创造多元文化学习环境和持续评估，学校可以有效地推进多元文化课程的整合。跨学科项目、学分和评估体系、跨学科研究中心以及国际交流和实习机会等实施方式，可以帮助学校更好地将多元文化课程融入进教育体系，提高学生的综合素养。

总体而言，多元文化课程的整合与管理需要学校在组织、资源和培训等方面付出持续的努力。只有通过全校的共同合作，将多元文化教育融入教育体系的各个层面，才能更好地培养适应未来全球社会需求的学生，推动社会的跨文化理解和共融发展。

二、学校与社区的多元文化教育合作

在当今全球化和多元文化的时代，学校与社区的合作变得至关重要，特别是在推动多元文化教育的过程中。学校和社区作为社会的两个重要组成部分，共同肩负着培养新一代公民的责任。本文将探讨学校与社区之间的多元文化教育合作，包括合作的背景、合作的重要性、面临的挑战以及可行的合作策略。

（一）合作背景

1. 全球化趋势

全球化使得不同文化之间的联系更加紧密，社区不再仅仅是地理概念，而是一个涵盖多元文化的综合体。学校与社区的合作成为响应全球化趋势、培养具有全球视野的学生的必然选择。

2. 社区多元性增加

社区内部的多元性也在不断增加，不同文化背景的人们相互交流、融合。学校与社区的合作能够更好地满足多元文化背景学生的教育需求，促进社区的文化交流与共融。

3. 教育发展需求

随着教育理念的更新和发展，多元文化教育已被视为培养学生全面素养的重要组成部分。学校需要借助社区的资源和支持，更好地实施多元文化教育。

（二）合作的重要性

1. 促进学生的跨文化体验

学校与社区的多元文化教育合作有助于促进学生的跨文化体验。社区是一个真实的多元文化环境，学生通过与社区居民互动，能够更直观地感受和理解不同文化的存在。

2. 提升学校的社会责任感

学校通过与社区进行多元文化教育合作，能够提升其社会责任感。积极参与社区事务，关注社区的文化多样性，为社区发展提供有针对性的教育支持，有助于树立学校的社会形象。

3. 拓展教育资源

社区作为一个多元文化的集合体，拥有丰富的教育资源。学校通过与社区合作，可以充分利用社区资源，丰富多元文化教育的内容，从而提高教育质量。

4. 促进社区的文化发展

学校与社区的多元文化教育合作不仅有利于学校的教育发展，同时也能够促进社区的文化发展。通过学校的参与，社区的文化活动更有机会得到关注和支持，从而推动文化的传承和创新。

（三）面临的挑战

1. 文化差异的管理

合作中文化差异可能导致理解障碍和沟通问题。不同的文化观念、价值观和教育理念可能会引发合作过程中的矛盾和冲突。

2. 资源不均衡

社区的资源分配可能不均衡，一些社区可能面临教育资源匮乏的情况。这会影响学校与社区的多元文化教育合作的深度和广度。

3. 合作机制的建立

建立有效的学校与社区的多元文化教育合作机制是一个挑战，它需要明确责任分工、资源共享、合作目标，确保合作能够有序、可持续地进行。

4. 教育体制的制约

教育体制可能对学校与社区的合作存在一定的制约。一些教育政策和制度可能需要进行调整，以更好地支持学校与社区的多元文化教育合作。

（四）合作策略与措施

1. 建立双向沟通机制

为了解决文化差异和沟通问题，学校与社区可以建立起双向沟通的机制。定期召开会议、设立沟通平台，促进合作双方的信息交流，增进理解。

2. 创新合作模式

在合作中，可以尝试创新合作模式，如共建多元文化教育中心、联合举办文化活动等。通过新颖的合作方式，能够更好地激发合作的活力。

3. 引入社区资源共享机制

为解决资源不均衡问题，可以引入社区资源共享机制。学校与社区可以在教育资源、设施、人才等方面进行共享，确保资源能够更加均衡地服务于社区的多元文化教育。

4. 建立联合评估机制

为了解合作的效果，建议建立联合评估机制。通过定期的评估，可以检视合作的实际效果，及时调整合作策略，保证合作的可持续发展。

5. 开展师资培训和交流活动

为了提升合作中的教育质量，学校与社区可以共同开展师资培训和交流活动。通过这些活动，可以促使教育工作者更好地去理解不同文化的教育需求，提高教学水平。

6. 制定多元文化教育合作协议

为了明确合作双方的权责，建议制定多元文化教育合作协议。协议可以明确合作的目标、任务分工、资源投入等，为合作提供有力的法律和制度支持。

学校与社区的多元文化教育合作对于促进学生的跨文化体验、提升学校社会责任感、拓展教育资源、促进社区文化发展具有重要作用。然而，合作中也存在一些挑战，如文化差异、资源不均衡、合作机制建立等问题。通过建立双向沟通机制、创新合作模式、引入资源共享机制、联合评估机制等策略，可以有效地克服这些挑战。

成功案例表明，有效的多元文化教育合作需要建立在相互尊重、平等互利的基础上。各方应明确合作目标、任务分工，建立起长效的合作机制，确保合作的可持续性。在推动多元文化教育合作的过程中，学校和社区共同努力，不仅可以提升教育质量，也有助于构建更加包容、和谐的社会。

三、多元文化教育政策的制定与实施

在全球化和多元文化的背景下，各国教育体系普遍面临着培养具有跨文化意识和全球视野的学生的挑战。为了应对这一挑战，制定和实施多元文化教育政策成为许多国家的重要任务。本文将探讨多元文化教育政策的制定与实施，包括政策制定的背景、重要性、制定过程中的考虑因素，以及政策实施的策略和挑战。

（一）背景

1. 全球化与多元文化趋势

随着全球化的推进，不同文化之间的交流日益频繁，多元文化成为社会的基本特征之一。教育体系需要适应这一趋势，培养具有跨文化意识和能力的学生，以适应未来多元文化的社会环境。

2. 教育公平与包容的需求

多元文化教育政策的制定也与教育公平和包容的需求密切相关。通过制定有针对性的政策，可以更好地满足不同文化背景学生的教育需求，减少教育中的不平等现象，推动社会的公平发展。

（二）多元文化教育政策的重要性

1. 培养全球视野

多元文化教育政策有助于培养学生的全球视野。政策的制定能够促使学校更好地融入多元文化元素，使学生在学习过程中可以接触到更广泛的文化，提高他们的国际竞争力。

2. 提高社会文化素养

多元文化教育政策有助于提高整个社会的文化素养。通过将多元文化的教育理念融入教育体系，可以促进社会成员对不同文化的理解和尊重，营造出更加包容的社会氛围。

3. 促进社会和谐

多元文化教育政策有助于促进社会的和谐发展。通过在教育中强调多元文化，政策可以缓解不同文化群体之间的紧张关系，促使社会各界可以更好地融合和共生。

4. 增强国家软实力

多元文化教育政策的实施有助于增强国家的软实力。培养具有跨文化沟通和合作能力的人才，有助于提升国家在国际事务中的影响力，塑造积极的国家形象。

（三）多元文化教育政策的制定

1. 制定背景分析

在制定多元文化教育政策之前，需要进行详细的背景分析。这包括社会的多元文化状况、教育体系的现状、国家发展需求等方面的调研，以便为政策制定提供充分的信息支持。

2. 明确政策目标和原则

制定多元文化教育政策时，需要明确政策的目标和原则。政策的目标应当明确，具有可操作性和可衡量性。同时，要制定明确的原则，如公平、包容、尊重等，以确保政策的实施符合社会价值观。

3. 广泛征求意见

政策制定过程中，应广泛征求各方面的意见，包括学校、教育专家、家长、社区代表等。通过多方参与，可以收集到更多的实际情况和建议，提高政策的可行性和有效性。

4. 制订实施计划和时间表

一旦确定了多元文化教育政策，就需要制订详细的实施计划和时间表。计划应该包括政策的具体实施步骤、所需资源、相关培训等内容，并设置合理的时间表，确保政策的有序推进。

5. 法律法规的支持

多元文化教育政策的制定需要得到法律法规的支持。政府可以通过法定手段，如制定法律或修订法规，为多元文化教育政策提供法律依据，确保政策的执行力度。

（四）多元文化教育政策的实施

1. 教育体制的调整

政策的实施需要对教育体制进行一定的调整。这包括教材的更新，教学方法的改进，教师培训体系的建设等方面的工作，以适应多元文化教育的需求。

2. 教师培训与发展

为了确保多元文化教育政策的顺利实施，需要进行广泛的教师培训。培训的内容应包括跨文化教学方法、多元文化教育理念的传递、文化敏感性培养等，以提高教师的跨文化教育水平。

3. 多元文化教育资源的整合

政策实施过程中，需要整合各种多元文化教育资源。这包括引入多元文化教材、搭建跨文化交流平台、建立多元文化活动组织等，以提供丰富的学习资源和体验。

4. 评估与调整

政策实施后，需要建立完善的评估体系。通过定期的评估，则可以了解政策实施的效果，发现问题和不足之处，并及时进行调整和改进，以保证政策的长期有效性。

5. 社会参与和反馈机制

政策实施需要社会的广泛参与和反馈。建立社会参与机制，包括家长、学生、社区居民等各方的参与，以便更好地了解实施过程中的实际情况，接受社会的反馈，为政策的调整提供相关依据。

（五）面临的挑战与解决方案

1. 文化保守主义的阻力

在多元文化教育政策实施中，可能会面临来自文化保守主义的阻力。解决方案包括通过公共宣传、教育论坛等手段，提高社会对多元文化教育的认知度，减少保守观念的影响。

2. 资源分配不均

资源分配不均可能是政策实施过程中的一个挑战。解决方案可以通过建立资源共享机制，调动社会各方的积极性，使得资源能够更加均衡地分布。

3.教育体制的僵化

教育体制的僵化可能使得政策实施变得困难。解决方案包括逐步推进改革,设立过渡期,引入创新机制,使得多元文化教育政策更容易被接受和融入教育体制。

4.教育者素养的提升

多元文化教育需要教育者具备相应的素养。提升教育者的文化敏感性和跨文化教学能力,可以通过加强师资培训、推动跨学科研究等途径来解决。

多元文化教育政策的制定与实施是适应当今社会发展需求的必然选择。通过背景分析、目标明确、社会参与等环节的精心设计,政策能够更好地满足多元文化教育的要求。在实施过程中,教育体制的调整、教师培训、资源整合等方面的努力,将有助于政策的有效实施。然而,要注意面临的挑战,如文化保守主义、资源不均衡等问题,需要通过创新机制、社会参与和不断调整政策细节来应对,以推动多元文化教育事业的可持续发展。

第三节 跨学科与跨文化教学

一、跨学科教学的定义与优势

随着社会的不断发展和知识的不断积累,传统的学科划分逐渐显得狭隘起来,无法全面应对当今世界面临的复杂问题。跨学科教学因此应运而生,成为一种强调整合不同学科知识、促使学生全面发展的教学模式。本文将深入探讨跨学科教学的定义、其优势以及实施过程中的一些关键问题。

(一)跨学科教学的定义

1.跨学科概念

跨学科,字面上即为"跨越学科",是指超越传统学科的范畴,将不同学科的知识和方法整合,形成一种更为综合和全面的学科体系。跨学科的理念旨在打破学科之间的界限,促使学科之间的互动和合作。

2.跨学科教学的概念

跨学科教学是指教育机构或教学者有意识地组织和整合来自不同学科的知识、技能和方法，以解决实际问题、提升学生综合素养的一种教学方式。跨学科教学注重整合、联结和超越学科，强调学科之间的交叉与互补。

（二）跨学科教学的优势

1. 全面发展学生能力

跨学科教学通过整合不同学科的知识，使学生能够更全面地理解问题、解决问题。这种全面的学科视角培养了学生的综合能力，使其更具创造力和批判性思维。

2. 培养跨文化、跨领域的思维

跨学科教学有助于培养学生的跨文化和跨领域思维。学生在不同学科的交汇点上学到的知识，有助于他们去更好地理解不同文化、领域之间的联系，拓宽他们的全球视野。

3. 解决实际问题

跨学科教学注重问题解决，能够更好地应对现实生活中的复杂问题。通过整合不同学科的知识，学生能够综合运用这些知识来解决实际问题，提高问题解决的实际能力。

4. 提升学习兴趣

跨学科教学打破了传统学科划分的条条框框，使学生能够在跨学科的学习环境中更加自由地探索和学习。这种自由度有助于激发学生的学习兴趣，提高他们的主动学习意愿。

5. 适应未来职业需求

现代社会对人才的需求越来越强调综合素养和跨领域能力。跨学科教学有助于培养学生具备跨学科合作和解决实际问题的能力，更好地适应未来职业的发展趋势。

（三）跨学科教学的实施

1. 课程设计

跨学科教学的实施首先需要对课程进行合理设计。课程设计应该突破传统学科的界限，明确跨学科学习的目标和内容，确保学生能够在整合的学科知识中形成系统性的认知。

2. 教学团队合作

跨学科教学需要教师之间的密切合作。教师可以组成跨学科的教学团队，共同制订教学计划、整合教学资源，确保学生在不同学科之间能够获得有机的连接。

3. 学科知识的整合

在跨学科教学中，学科知识的整合是关键。教师需要通过创造性的教学方法，将不同学科的知识融合在一起，使学生能够形成全面的学科认知。

4.引入实际问题

跨学科教学强调问题导向,教师可以引入实际问题,去激发学生的兴趣和探索欲望。通过解决实际问题,学生可以更好地理解和应用跨学科知识。

5.多媒体和技术支持

跨学科教学可以借助多媒体和技术手段,提供更丰富的学习资源。教师可以引入跨学科的多媒体教材、在线资源,提高学生获取信息和学习的效率。

（四）跨学科教学的关键问题

1.课程的整合难度

跨学科教学要求教师整合不同学科的知识,但这在实际操作中可能会面临一定的困难。教师需要深入理解各学科的知识结构,找到它们之间的联系,并将其有机地整合到课程中。这需要教师具备较高的学科综合能力和创造力。

2.教育体制的挑战

传统的教育体制通常是按学科划分的,而跨学科教学挑战了这种体制。教育体制的僵化可能成为跨学科教学的阻碍,因为它需要教育机构做出改革,打破学科的条条框框,实现课程和教学的整合。

3.教师培训与发展

跨学科教学需要教师具备一定的跨学科教学能力和素养。因此,教师培训和发展成为关键问题。培训课程应包括跨学科理念的传递、教学策略的应用、团队协作等方面,以提高教师的跨学科教学水平。

4.评估方法的制定

传统的学科评估方法可能难以满足跨学科教学的需要。教育者需要制定切合实际的跨学科评估方法,以全面评估学生的跨学科学习成果,包括知识整合、问题解决和团队协作等方面。

5.跨学科合作困难

跨学科教学通常需要多个学科的教师共同合作。然而,学科之间存在不同的专业语言和教学方法,可能导致跨学科合作的困难增加。解决这一问题需要建立有效的沟通机制,促进教师之间的协作和共享。

跨学科教学作为一种创新的教学模式,强调整合不同学科知识,培养学生的全面发展。其优势包括全面发展学生能力、培养跨文化跨领域思维、解决实际问题、提升学习兴趣和适应未来职业需求等。在实施跨学科教学时，需要注重课程设计、教学团队合作、学科知识的整合、引入实际问题和多媒体技术支持等方面。然而，也面临着课程整合难度、教育体制的挑战、教师培训与发展、评估方法的制定和跨学科合作困难等关键问题。解决这些问题需要教育机构、教育管理者和教育者共同努力，推动教育体制的变革，提高教师的跨学科教学水平，制定切实可行的评估方法，促进跨学科合作的发展。通过不断改进和创新，跨学科教学有望为培养更具创造力和综合能力的学生做出更大的贡献。

二、多元文化跨学科课程的设计

在当今全球化的时代，多元文化和跨学科教育成为教育领域的重要话题。多元文化跨学科课程的设计旨在整合不同学科的知识，促使学生能够更好地理解和应对多元文化的挑战。本文将深入探讨多元文化跨学科课程的设计原则、具体步骤以及可能面临的挑战和解决方案。

（一）设计原则

1.跨学科整合原则

多元文化跨学科课程的设计首要原则是跨学科整合。课程应该整合人文学科、社会科学、自然科学等多个学科领域的知识，使学生能够从多个维度去全面理解多元文化现象。

2.多元文化教育原则

课程设计要贯彻多元文化教育原则，强调对不同文化的尊重、理解和包容。学生需要通过课程感受到文化多样性的重要性，培养跨文化沟通和合作的能力。

3.问题导向原则

课程设计应以问题为导向，使学生通过解决实际问题来学习。这有助于激发学生的学习兴趣，提高他们的问题解决能力，同时使课程更具实际应用性。

4.学生参与原则

多元文化跨学科课程设计需要充分考虑学生的参与。通过小组项目、讨论和实地考察等方式，激发学生的主动学习，培养他们的团队协作和领导能力。

（二）课程设计步骤

1.确定课程目标

首先，明确定义多元文化跨学科课程的目标。这些目标应该涵盖知识、技能和态度的培养，其中包括学生对多元文化的理解、跨学科整合能力的提升等方面。

2. 课程结构设计

设计课程结构时，需要确定主题、模块和课程大纲。主题应涵盖多元文化的不同方面，模块可以按照跨学科的原则划分，课程大纲则明确每个模块的具体内容和学习目标。

3. 教学方法选择

选择适当的教学方法对于多元文化跨学科课程至关重要。其中可以采用讨论、小组项目、实地考察、案例分析等多样化的教学方法，以激发学生的兴趣和提高他们的参与度。

4. 教材和资源准备

精选适合多元文化跨学科教育的教材和资源，包括跨学科的教科书、多元文化案例、文学作品、视频资料等。这有助于为学生提供多样化的学习资源，增加课程的深度和广度。

5. 考虑评估方式

设计合适的评估方式是课程设计的重要环节。可以采用项目评估、小组讨论、个人报告、期末展示等方式，以全面评估学生在知识、技能和态度方面的表现。

（三）可能面临的挑战与解决方案

1. 学科整合困难

挑战：不同学科的知识体系和教学方法差异大，整合起来可能面临困难。

解决方案：建立跨学科教学团队，由不同学科的专家共同参与课程设计，充分利用团队的专业知识。

2. 学生背景差异

挑战：学生在文化背景、学科基础等方面存在差异，可能导致学习障碍。

解决方案：采用个性化教学策略，关注学生的个体差异，提供不同难度和形式的学习材料，鼓励学生互相学习。

3. 教师培训需求

挑战：教师可能缺乏跨学科教学的经验和知识。

解决方案：提供专门的教师培训，包括跨学科教学理念的介绍、教学方法的培训和案例分享等，以提高教师的跨学科教学水平。

4. 评估体系建设

挑战：传统的评估体系可能无法全面评估学生在跨学科课程中的学习成果。

解决方案：设计多元化的评估方式，结合项目评估、课堂表现、小组讨论等多个方面，全面了解学生的学习状况。

多元文化跨学科课程的设计是教育领域面对当今社会复杂性和多元性的一种创新尝试。通过整合不同学科的知识和教学方法，使学生在跨文化背景下能够更全面地理解问题、提高解决问题的能力。设计多元文化跨学科课程需要遵循一系列原则，包括跨学科整合、多元文化教育、问题导向和学生参与原则。

在课程设计的具体步骤中，明确定义课程目标，设计合理的课程结构，选择适宜的教学方法，准备好丰富的教材和资源，并考虑评估方式都是至关重要的环节。这些步骤的合理安排可以帮助教育者更好地达到课程设计的目标，促使学生在多元文化环境中发展自身综合素养。

然而，多元文化跨学科课程设计也面临一些挑战，包括学科整合困难、学生背景差异、教师培训需求和评估体系建设等问题。通过建立跨学科教学团队、采用个性化教学策略、提供专门的教师培训和设计多元化的评估方式等解决方案，可以更好地应对这些挑战。

总体而言，多元文化跨学科课程的设计旨在为学生提供更广泛、更深入的学科知识，培养他们的跨学科思维和跨文化能力。通过不断的实践和改进，多元文化跨学科教育有望为培养具备全球视野和跨文化胜任力的新一代人才做出积极贡献。

三、学科整合与知识的跨文化传递

学科整合与知识的跨文化传递是当今教育领域日益重要的议题。在全球化的时代，不同文化之间的交流和合作变得日益频繁，对跨文化传递知识的需求也随之增加。学科整合作为一种教学策略，通过打破学科之间的界限，促进不同学科知识的交叉融合，为跨文化传递知识提供了有力支持。本文将深入探讨学科整合的概念、跨文化传递知识的重要性，以及如何通过学科整合实现知识的跨文化传递。

（一）学科整合的概念

1. 学科整合定义

学科整合是一种强调将不同学科的知识和方法有机结合的教学策略。它旨在打破传统学科的局限性，促使学生从多学科的角度来理解问题，培养跨学科思维和能力。

2. 学科整合的实现方式

学科整合可以通过多个学科间的合作和交叉教学来实现。这包括联合授课、跨学科项目设计、共同研究等形式，通过这些方式，学科整合可以让学生在一个主题下同时接触到多个学科的知识。

（二）知识的跨文化传递

1.跨文化传递知识的重要性

随着全球化的发展，各国之间的联系越来越紧密，跨文化传递知识变得尤为重要。这不仅能够帮助个体更好地适应多元文化环境，还有助于促进不同文化之间的理解与合作。

2.障碍与挑战

跨文化传递知识也面临一系列的障碍和挑战。语言差异、文化认知差异、教育体制的不同等因素都可能成为知识传递的障碍，需要有系统性的策略来克服。

（三）学科整合与跨文化传递知识的关联

1.学科整合的多元视角

学科整合为跨文化传递知识提供了多元视角的机会。通过整合来自不同学科的知识，可以帮助个体更全面、深入地理解特定主题，促使他们在跨文化环境中能够更为灵活应对。

2.培养跨文化思维

学科整合的教学模式有助于培养学生的跨文化思维。当学生接触到多元文化的知识时，他们更容易理解不同文化之间的联系和差异，提高对跨文化问题的敏感性。

3.拓展知识的边界

通过学科整合，知识的边界得以拓展。学生可以从多个学科获取知识，将不同领域的概念整合起来，从而形成更为全面和丰富的认知结构。

（四）学科整合与知识跨文化传递的实践策略

1.选题设计的多元文化考量

在学科整合的课程设计中，应当考虑到多元文化的因素。选择具有多元文化背景的课题，使学生能够接触到不同文化的思维方式、价值观念等，促进跨文化知识的传递。

2.教学材料的国际化

采用国际化的教学材料，包括来自不同国家和文化的案例、论著、影像资料等，使学生在学科整合的过程中接触到更广泛的文化背景，拓宽他们的知识视野。

3.跨学科教师团队的构建

建立跨学科的教师团队，确保教师具备多元文化的教学经验和视角。教师团队的多元性将有助于学科整合中涉及的不同学科和文化因素的有效整合。

4.利用技术手段促进跨文化交流

借助现代技术手段，如在线视频会议、社交媒体等，促进不同文化背景的学生进行跨文化交流。通过在线合作项目，学生可以与来自不同国家和地区的同学一起工作，从而加深对跨文化知识的理解。

（五）面临的挑战与应对策略

1.语言和文化认知障碍

挑战：学生可能因语言障碍或对不同文化的陌生感而难以理解一些知识。

应对策略：采用多语言教学模式，提供多语言支持，同时通过文化交流活动和国际交流项目等方式，增强学生对不同语言和文化的认知。

2.教育体制的差异

挑战：不同国家和地区的教育体制存在差异，可能会导致知识传递的不顺畅。

应对策略：建立相互认可的学分制度，推动不同国家和地区的学科整合合作，以便更好地适应不同教育体制。

3.跨文化传递的教育资源不足

挑战：一些地区可能缺乏跨文化传递所需的教育资源。

应对策略：建立国际教育资源共享平台，促进不同地区和学校之间的资源共享，确保教育资源的均衡利用。

4.跨文化传递评估的复杂性

挑战：跨文化传递知识的评估可能因为文化差异而变得复杂。

应对策略：制定灵活的评估标准，充分考虑不同文化背景下学生的学科整合能力和跨文化思维，确保评估公平有效。

学科整合与知识的跨文化传递是为了培养具备跨学科思维和跨文化能力的学生，使他们能够更好地适应全球化的社会。通过多学科的整合，学生能够在一个更为综合的环境中学习，更好地理解和应对复杂的社会问题。同时，跨文化传递知识的实践策略，如多元文化选题设计、国际化教学材料的应用、跨学科教师团队的构建等，有助于将学科整合与跨文化传递知识紧密结合，提升教育的质量和深度。

然而，实现学科整合与知识的跨文化传递并不是一帆风顺的。面临的挑战包括语言和文化认知障碍、教育体制的差异、跨文化传递的教育资源不足以及评估的复杂性等问题。为了更好地应对这些挑战，需要不断去创新教育模式，加强国际合作，构建更为灵活和开放的教育体系。通过共同努力，学科整合与知识的跨文化传递将为培养具备全球视野和跨文化胜任力的新一代人才提供有力支持。

第四节　多元文化素养的培养

一、多元文化素养的内涵与框架

在全球化的背景下，多元文化素养逐渐成为教育领域的重要议题。多元文化素养不仅仅是指个体对多种文化的了解，更是培养学生在跨文化环境中理解、尊重、沟通和合作的能力。本文将深入探讨多元文化素养的内涵，构建多元文化素养的框架，并分析培养多元文化素养的实践策略。

（一）多元文化素养的内涵

1. 文化意识

多元文化素养的第一个要素是文化意识。这包括对自己文化的认知，对其他文化的尊重和理解，以及对文化之间相互影响的认知。学生需要具备足够的文化敏感性，能够意识到文化差异并愿意从中进行学习。

2. 文化知识

文化知识是多元文化素养的基石。这不仅包括历史、宗教、风俗习惯等基本文化知识，还包括对文学、艺术、音乐等方面的理解。学生需要具备广泛的文化知识，以更好地去理解和欣赏不同文化。

3. 文化技能

文化技能涵盖了跨文化沟通、解决跨文化冲突、合作等方面的能力。学生需要学会运用适当的语言和非语言方式进行跨文化沟通，处理文化冲突，并能够在多元文化的团队中协作。

4. 跨文化态度

跨文化态度是多元文化素养的重要组成部分,包括开放心态、包容态度、对多样性的欣赏等。学生需要树立积极的跨文化态度,愿意接受不同文化带来的挑战和机遇。

(二)多元文化素养的框架

基于多元文化素养的内涵,可以构建一个多元文化素养的框架,以更系统地去培养学生的跨文化能力。

1. 文化认知层次

基础认知:学生能够基本认知自己所属的文化,理解文化的定义、特征和影响。

比较认知:学生能够比较不同文化之间的异同,了解文化差异的根本原因,具备初步的文化相对主义观念。

深度认知:学生能够深入分析文化现象背后的历史、社会和心理机制,理解文化的动态性和复杂性。

2. 文化知识体系

基础知识:学生具备广泛的文化基础知识,包括历史、宗教、习俗等方面。

专业知识:学生在特定领域内深入了解相关文化,例如文学、艺术、音乐等。

应用知识:学生能够将文化知识运用到实际生活和工作中,具备在不同文化环境中适应的能力。

3. 跨文化技能培养

语言技能:学生能够运用多种语言进行基本的跨文化交流。

非语言技能:学生具备通过肢体语言、面部表情等进行有效沟通的能力。

冲突解决技能:学生能够运用有效的策略解决跨文化冲突,维护团队和谐。

合作技能:学生具备在多元文化团队中协作的能力,充分发挥团队的多元性。

4. 跨文化态度培养

开放心态:学生能够对新观念、新思想和新文化持开放态度,不拘泥于自己的文化习惯。

包容态度:学生愿意接受并尊重不同文化,不以自己的文化标准去随便评价他人。

对多样性的欣赏:学生能够从多元文化中获取启示,欣赏多样性所带来的丰富性。

（三）培养多元文化素养的实践策略

在构建多元文化素养的框架之后，实施有效的培养策略是至关重要的。以下是一些可行的实践策略。

1. 多元文化教育课程设计

设计多元文化教育课程，内容涵盖文化认知、文化知识、跨文化技能和跨文化态度等层次。通过案例分析、小组讨论、实地考察等教学方法，培养学生对多元文化的理解和应用能力。

2. 跨文化交流项目

推动学生参与跨文化交流项目，例如国际交换生计划、多元文化团队项目等。这样的实践机会可以让学生亲身体验不同文化，增强他们的跨文化技能和态度。

3. 多元文化活动和体验

组织多元文化活动和体验，包括文化展览、国际文化节、跨文化沙龙等。通过亲身参与和体验，学生能够更深刻地感受到多元文化的魅力，培养自身跨文化态度。

4. 跨学科教育

推动跨学科教育，将多元文化元素融入不同学科的课程中。例如，在历史课程中讨论不同文化的历史，或者在文学课程中研究多元文化的文学作品，以促进跨学科的综合素养。

5. 语言学习和交流

鼓励学生学习多种语言，提供语言学习资源和交流机会。语言是文化的重要载体，通过语言学习，学生能更好地理解和融入不同文化当中。

6. 文化导师制度

建立文化导师制度，由有丰富跨文化经验的个体担任导师，为学生提供跨文化指导和辅导。这有助于学生更快速地适应新的文化环境，提升他们的跨文化技能和态度。

7. 跨文化反思和评估

引入跨文化反思和评估机制，鼓励学生在经历多元文化实践后进行反思。通过写作、小组分享、个人面谈等形式，帮助学生总结经验、发现问题、调整态度，不断提升自身多元文化素养。

（四）面临的挑战与应对策略

1. 语言和文化认知障碍

挑战：学生可能因语言障碍或对不同文化的陌生感而难以理解和融入多元文化。

应对策略：提供语言培训和文化适应课程，建立语言交流平台，促进学生更好地融入新的文化环境。

2. 学科整合难度

挑战：学科整合需要不同学科的教师共同协作，可能面临协同困难。

应对策略：建立跨学科教学团队，提供相关培训，鼓励教师之间的合作和共享资源。

3. 评估体系的制定

挑战：如何全面客观地评估学生的多元文化素养是一个复杂的问题。

应对策略：建立多维度的评估体系，包括学术表现、实践经验、跨文化项目参与等多方面的因素，确保评估的全面性和公正性。

4. 教育资源的不平衡

挑战：一些地区可能缺乏多元文化教育的相关资源。

应对策略：建立多元文化教育资源共享平台，推动国际合作，确保资源的公平分配和充分利用。

多元文化素养是当今社会培养学生的重要目标之一。通过深入理解多元文化素养的内涵，构建好多元文化素养的框架，并实施相应的培养策略，学生能够在全球化时代更好地适应和融入不同文化的环境中。在面对挑战时，教育者需要不断创新，加强国际合作，共同努力，以培养更具跨文化能力的新一代人才。只有通过全球性的教育努力，才能使多元文化素养真正成为个体和社会发展的有力推动力。

二、多元文化素养的评价标准

多元文化素养的培养是当代教育的重要目标之一。为了确保学生能够全面发展跨文化的认知、技能和态度，需要建立科学有效的评价体系。本文将深入探讨多元文化素养的评价标准，从文化认知、文化知识、跨文化技能和跨文化态度等多个维度进行分析，旨在为教育实践提供有针对性的评价指导。

（一）文化认知的评价标准

文化认知是多元文化素养的基础，评价标准应涵盖学生对文化的基本认知水平、对文化差异的感知能力等方面。

1. 基础认知水平

评价学生对自己文化和其他文化的基本认知水平，其中包括对文化定义、特征、历史等方面的理解程度。

2. 跨文化认知能力

评价学生对文化差异的感知和理解程度，包括他们是否能够识别和理解不同文化之间的异同之处，以及是否具备初步的文化相对主义观念。

3. 深度文化认知

评价学生是否能够深入分析文化现象背后的历史、社会和心理机制，以及他们是否能够理解文化的动态性和复杂性。

（二）文化知识的评价标准

文化知识是多元文化素养的核心内容，评价标准应涵盖学生对广泛文化知识的掌握程度，以及应用这些知识的能力。

1. 基础知识水平

评价学生是否具备广泛的文化基础知识，包括历史、宗教、习俗等方面，以建立对多元文化的基本认知。

2. 专业知识掌握

评价学生在特定领域内的文化知识掌握水平，例如文学、艺术、音乐等，以培养学生在特定领域内的跨文化能力。

3. 应用知识能力

评价学生是否能够将所学的文化知识应用到实际生活和工作中，以提高他们在跨文化环境中的适应能力。

（三）跨文化技能的评价标准

跨文化技能是多元文化素养的实践能力，评价标准应涵盖学生在语言、非语言、冲突解决、合作等方面的技能水平。

1. 语言技能

评价学生是否能够运用多种语言进行基本的跨文化交流，其中包括口头和书面表达。

2. 非语言技能

评价学生是否具备通过肢体语言、面部表情等方式进行有效跨文化沟通的能力。

3. 冲突解决技能

评价学生是否能够有效运用策略去解决跨文化冲突，维护团队和谐。

4. 合作技能

评价学生在多元文化团队中是否能够协作，充分发挥团队的多元性，实现协同效应。

（四）跨文化态度的评价标准

跨文化态度是多元文化素养的情感层面，评价标准应涵盖学生对多元文化的开放心态、包容态度和对多样性的欣赏等方面。

1. 开放心态

评价学生是否能够对新观念、新思想和新文化持开放态度，是否愿意接受并尊重不同文化。

2. 包容态度

评价学生是否具备包容的心态，是否能够理解和接受与其他文化的差异，不以自己的文化标准评价他人。

3. 对多样性的欣赏

评价学生是否能够从多元文化中获取启示，是否具备欣赏多样性所带来的丰富性的能力。

（五）综合评价体系的构建

为了更全面准确地评价学生的多元文化素养，需要构建综合评价体系，将文化认知、文化知识、跨文化技能和跨文化态度等多个层面有机结合起来。

1. 多元文化项目评估

通过学生参与多元文化项目的表现，包括他们的团队合作能力、跨文化沟通能力、对项目所涉及文化的理解等方面进行评估。

2. 书面作业和口头表达

通过学生的书面作业和口头表达，评价他们对文化的认知水平、运用文化知识的能力以及跨文化技能和态度的表现。

3.跨文化实践经验通过学生的跨文化实践经验，其中包括参与文化交流活动、国际交流项目、文化导师制度等，评价学生在实际应用中的跨文化素养表现。

4.反思和自评

鼓励学生进行跨文化经验的反思和自评。通过学生的个人反思、自我评估，以及对他人和团队的评价，获取更深层次的跨文化素养信息。

5.跨学科项目评估

推动跨学科项目的开展，并通过学生在这些项目中的表现，评价他们在不同学科领域中的文化整合能力。

6.多元文化考试和测验

设计多元文化的考试和测验，涵盖文化认知、文化知识、跨文化技能和跨文化态度等多个方面，以客观、量化的方式评价学生的多元文化素养水平。

（六）面临的挑战与应对策略

1.主观性评价的挑战

挑战：多元文化素养涉及主观感受和情感层面，评价可能会受到主观因素的影响。

应对策略：建立评价标准和评估体系，通过多种评价方法相互印证，降低主观性评价的风险。

2.跨文化项目的不确定性

挑战：跨文化项目涉及到不同文化的实际应用，不确定性较大。

应对策略：提前规划好项目，明确目标和评价标准，及时调整项目方案以适应实际情况。

3.评价体系的复杂性

挑战：综合评价体系需要涵盖多个方面，复杂性较高。

应对策略：建立清晰的评价体系，明确不同方面的权重，合理分配评价资源。

4.评估工具和方法的局限性

挑战：目前的评估工具和方法可能无法全面准确地评价多元文化素养。

应对策略：不断创新评估工具和方法，借助技术手段，提高评价的科学性和客观性。

多元文化素养的评价标准应该从文化认知、文化知识、跨文化技能和跨文化态度等多个层面全面考量。构建综合评价体系，包括多元文化项目评估、书面作业和口头表达、跨文化实践经验、反思和自评、跨学科项目评估等多个方面，有助于更全面、准确地评价学生的多元文化素养水平。

在面临评价过程中的挑战时，教育者需要去不断改进评价体系，采取科学合理的评价方法，降低主观性评价的影响，提高评价的客观性和公正性。通过科学有效的评价，可以更好地引导学生全面发展多元文化素养，使他们在全球化的时代可以更好地适应和融入多元文化的社会环境。

三、多元文化素养的课程融入

随着全球化的加深，多元文化素养的培养逐渐成为当代教育的重要任务。在教育实践中，将多元文化素养融入课程体系，不仅有助于学生更好地理解、尊重和适应不同文化，也能够培养他们的跨文化能力。本文将深入探讨多元文化素养的课程融入策略，其中包括课程设计、教学方法、评价体系等方面的具体实践。

（一）多元文化素养的课程设计

1. 课程目标明确

在课程设计阶段，明确培养学生多元文化素养的具体目标是至关重要的。这可以包括提高学生的文化认知水平、拓展他们的文化知识领域、培养跨文化技能和塑造开放、包容的文化态度等。

2. 跨学科融合

多元文化素养的培养涉及多个学科领域，因此，课程设计时可以融入跨学科元素。通过整合语言学、社会学、历史学、文学、艺术等不同学科的知识，促使学生在多个维度上去理解和体验多元文化。

3. 实践性课程设置

设计实践性强的课程内容，使学生能够在实际生活中应用多元文化素养。例如，组织学生参与文化交流项目、实地考察、文化活动等，提供真实的跨文化体验。

（二）多元文化素养的教学方法

1. 小组合作学习

采用小组合作学习的方式，组织跨文化团队，使学生能够在合作中学习不同文化成员的观点、习惯和思维方式。通过合作，促进文化交流与互动。

2. 案例分析

通过真实案例的分析，引导学生去深入理解文化差异背后的原因，培养他们对不同文化现象的解读能力。案例分析可以涵盖历史事件、跨文化团队合作、国际企业文化等多个领域。

3. 角色扮演

通过角色扮演活动，让学生亲身体验不同文化中的人物角色，了解他们的思维方式、价值观念和行为准则。这有助于拓宽学生的视野，增强他们的跨文化沟通能力。

4. 外语教学融入

在外语教学中融入多元文化素养的内容，通过学习外语，使学生能够更深入地了解相关文化。可以通过阅读文学作品、观看电影、学唱歌曲等方式，让学生感受不同文化的语言表达。

（三）多元文化素养的评价体系

1. 多层次评价

建立多层次的评价体系，包括知识水平、技能掌握、实践能力和态度情感等多个层面。通过多维度的评价，更全面地了解学生的多元文化素养水平。

2. 项目评估

将学生参与的跨文化项目纳入评估体系，通过项目的完成情况、团队协作效果等方面评价学生的实际表现。项目评估能够更真实地反映学生在跨文化实践中的能力。

3. 反思和自评

鼓励学生进行跨文化经验的反思和自评。通过写作、口头表达等方式，让学生总结经验、发现问题、调整态度，形成自主学习的习惯。

4. 多元化考试方式

设计多元化的考试方式，包括论文、展示、口头答辩等形式。这有助于学生在不同层次上展现出他们的多元文化素养，避免仅仅依赖传统的笔试形式。

（四）实施多元文化素养课程

1. 教师培训与发展

为了更好地融入多元文化素养的教学，教师需要接受相关的培训和发展。培训内容可以包括跨文化教育理论、案例研究、教学方法等，以提升教师的教学水平和跨文化教育意识。

2. 文化导师团队建设

建立文化导师团队，由有丰富跨文化经验的个体担任导师，为学生提供更贴近实际的跨文化指导和辅导。导师团队的建设可以为学生提供更个性化、有针对性的支持。

3. 校际合作与国际交流

促进校际合作与国际交流，通过与其他学校、机构建立合作关系，开展多元文化活动、项目合作等，为学生提供一个更广阔的跨文化学习平台。

4. 利用技术手段

借助现代技术手段，如在线课程、虚拟实境等，创造更生动、直观的跨文化学习环境。技术手段的应用可以拓展学生的跨文化体验，提高他们的学习兴趣。

（五）面临的挑战与应对策略

1. 课程时间压力

挑战：课程时间有限，如何在繁重的课程体系中融入多元文化素养成为一个挑战。

应对策略：合理规划课程内容，将多元文化素养融入相关学科中，避免成为独立的课程，而是贯穿在学科教学当中。

2. 学科整合困难

挑战：学科整合需要跨学科的合作，但学科之间的沟通和协同可能存在一定困难。

应对策略：推动学科教师之间的合作，设立跨学科团队，共同探讨多元文化素养的融入方式，促进资源共享。

3. 教师素养不足

挑战：部分教师可能对跨文化教育理念和方法了解不足，缺乏相关教学经验。

应对策略：提供专业的跨文化培训，鼓励教师参与相关研修活动，提高其跨文化教育素养，同时建立分享机制，促进教师之间的经验交流。

4. 学生抵触情绪

挑战：由于习惯或个人观念，一些学生可能对跨文化教育抱有相关抵触情绪。

应对策略：通过开展趣味性、参与性强的课程活动，引发学生的兴趣，同时采用开放、包容的态度，尊重学生的观点，促进他们去更积极地参与。

多元文化素养的课程融入是一项复杂而有挑战性的任务。通过明确课程目标、采用多元化的教学方法、建立科学的评价体系，并结合教师培训与发展、文化导师团队建设、校际合作与国际交流等多方面的策略，可以有效地将多元文化素养融入教育体系，提高学生的跨文化能力。在面对挑战时，教育者需要灵活应对，不断创新，以确保多元文化素养的培养成为学生教育中不可或缺的一部分。只有通过全社会的共同努力，才能更好地培养具有国际视野和跨文化能力的新一代人才。

参考文献

[1] 王建华. 全国高校网络教育大学英语词汇必备手册 [M]. 北京：中国人民大学出版社, 2012.

[2] 许力生. 跨文化交际英语教程 [M]. 上海：上海外语教育出版社, 2004.

[3] 许力生. 新编跨文化交际英语教程 [M]. 上海：上海外语教育出版社, 2013.

[4] 苏明. 浅析高校英语跨文化教育中存在的问题与策略 [J]. 中国科技经济新闻数据库 教育, 2022(2):3.

[5] 刘红中. 大学英语视听说教程 [M]. 北京：北京大学出版社, 2005.

[6] 夏颖. 跨文化视角下的大学英语教育探索 [M]. 哈尔滨：哈尔滨工程大学出版社, 2014.

[7] 张彩霞. 跨文化交际视角下大学英语教学的改革 [M]. 北京：中国水利水电出版社, 2018.

[8] 熊文熙, 范俊玲, 肖玲著. 大学英语教学与跨文化交际能力培养研究 [M]. 北京：华文出版社, 2021.

[9] 贾妍. 浅谈大学英语跨文化教育 [J]. 新课程学习, 2015(3):2.

[10] 胡晶晶. 新时代背景下高校英语跨文化教育中存在的问题与对策研究 [J]. 求知导刊, 2016(27):1.

[11] 饶颖芝, 蔡梦艳. 从英语的经济价值看我国高校英语跨文化教育 [J]. 中国市场, 2017(3):2.179.

[12] 温林妹. 中西文化差异下的高校英语跨文化教育 [J]. 山海经：想象作文（下）, 2015(10):2.

[13] 王唯潼. 中西文化差异视角下的高校英语跨文化教育研究 [J]. 科技资讯, 2019, 17(36):48.

[14] 王秋红. 基于高校英语跨文化教育教学分析 [J]. 中国多媒体与网络教学学报：电子版, 2019(7):2.

[15] 高欣. 基于中西文化差异视域下对高校英语跨文化教育的研究 [J]. 艺术品鉴,

2015(5):1.

[16] 吴丽娜, 肖桃华. 中西文化差异视角下的高校英语跨文化教育 [J]. 黑龙江教育学院学报, 2014, 33(12):064.

[17] 明桂花, 张晶. 高校英语教师跨文化交际能力的培养策略 [J]. 校园英语, 2020(32):2.

[18] 唐艳花. 地方高校英语教学中跨文化交际能力的培养 [C]// 外语教育与翻译发展创新研究 (第八卷).2019.

[19] 李超. 高校英语教学中跨文化交际的渗透 [J]. 教育科学发展, 2019, 1(3):118-119.

[20] 张福荣. 高校英语教育中跨文化教育现状和对策 [J]. 人文之友, 2020, (18):196.

[21] 段冉. 高校英语教学中跨文化教育的现状、问题与对策分析 [J]. 人才资源开发, 2016(3):136.

[22] 张利华. 关于高校英语跨文化教育教学探究 [J]. 黑龙江教育学院学报, 2016, 35(1):50.

[23] 刘嘉菊. 当前大学英语教学中跨文化教育的现状, 问题与对策 [D]. 济南: 山东师范大学, 2008.

[24] 高华伟. 试论现代高校英语教师的跨文化意识培养 [J]. 湖北教育学院学报, 2006.

[25] 王佳宜. 高校英语跨文化教育中存在的问题与策略 [J]. 网友世界, 2014(18):1.